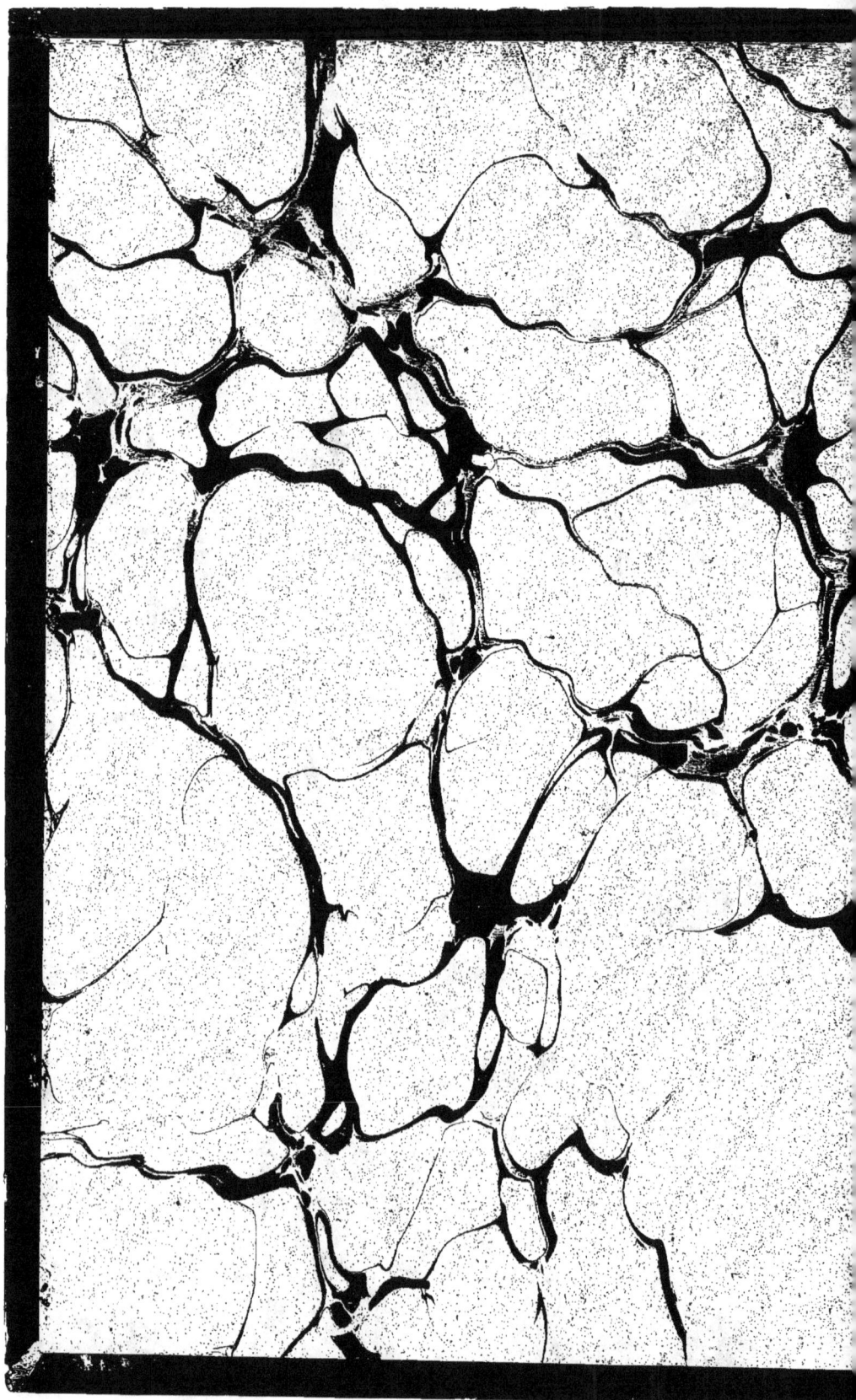

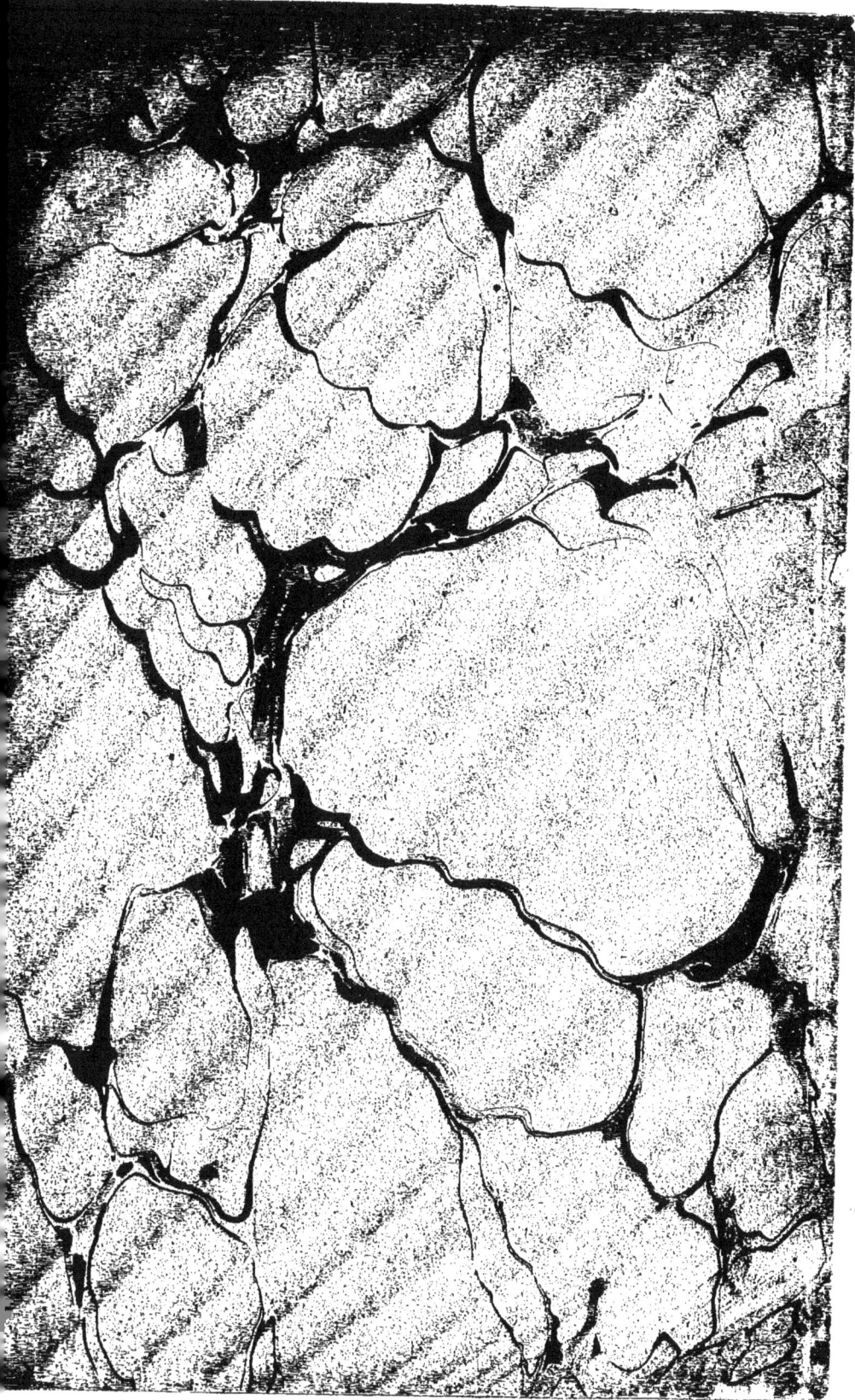

595

ACHILLE LORIA

PROFESSEUR

A L'UNIVERSITÉ DE TURIN ET A L'UNIVERSITÉ NOUVELLE
DE BRUXELLES

❧

La Morphologie Sociale

CONFÉRENCES

tenues à l'Université Nouvelle de Bruxelles

au mois de Mars 1905

BRUXELLES	PARIS
Veuve Ferd. LARCIER	V.GIARD et E. BRIÈRE
ÉDITEUR	LIBRAIRES-ÉDITEURS
26-28, Rue des Minimes	16, rue Soufflot et 12, rue Toullier

1905

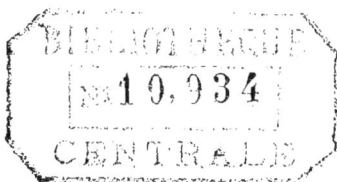

La Morphologie Sociale

Achille LORIA

Professeur

A L'Université de Turin et a l'Université Nouvelle
de Bruxelles

La Morphologie Sociale

CONFÉRENCES

tenues à l'Université Nouvelle de Bruxelles

au mois de Mars 1905

BRUXELLES

Veuve Ferd. LARCIER

ÉDITEUR

26-28, Rue des Minimes

PARIS

V. GIARD et E. BRIÈRE

LIBRAIRES-ÉDITEURS

16, rue Soufflot et 12, rue Toullier

1905

PREMIÈRE LEÇON

L'Évolution sociale.

Tous ceux qui ont étudié avec quelque attention la méthode de mensuration des choses dans son développement séculaire ont pu remarquer qu'elle parcourt trois stades nettement distingués. A l'aurore des sociétés, l'homme trouve la mesure des choses en soi-même, ou dans ses membres, ou dans ses propres actions. Protagoras, qui énonça le premier l'idée que l'homme est la mesure des choses, ne faisait que donner une expression générale ou abstraite à un fait, à une institution de son âge, qui mesurait toutes choses en les comparant à des unités empruntées au corps, ou bien à l'action de l'homme. Le *pied*, le *pouce*, le *coude*, mesures bien anciennes; le doigt, la palme, les douze doigts, la coudée, les six coudées, mesures adoptées chez les Juifs; le *Mäling*, multiple du pied, en Norvège; le *jurnalis* latin, le *tagwerk*, le *mannwerk* allemand, qui désignait l'étendue de terre cultivable par un homme en un jour; le *täglo* russe, trait de terre cultivable en un jour par le travail de l'homme et de sa femme, etc., — voilà autant

1

de mesures empruntées à l'organisme et à l'activité de l'homme. — Mais, à un âge plus avancé, l'homme ne mesure plus les choses par ses propres actions, mais bien par celles des instruments qu'il a façonnés; et au moyen âge nous trouvons la *charrue*, ou *soca*, l'*ara* (le trait de terre qu'on peut labourer en un jour), la *pioche* (mesure des terres slaves après l'an 1000), la *faux* en Russie, en Angleterre, l'*acre* (le trait de terre que le *team* saxon peut labourer en un jour), en Italie, la *bubulca* (le trait de terre qu'on peut labourer avec une paire de bœufs), etc. — Enfin, à un troisième stade de l'histoire, la mesure des choses n'est plus l'homme, ni l'outil, mais la terre. Et, en effet, aujourd'hui la mesure des choses est le mètre, c'est-à-dire une fraction du méridien terrestre, bref, un fragment du globe.

Eh bien, c'est un développement analogue, celui que nous présente cette grande méthode de mesure des choses, qui est l'analyse sociologique. L'homme, en effet, considère d'abord les phénomènes sociaux et leur évolution comme l'émanation de sa propre volonté, ou du caprice individuel; il envisage l'histoire entière de l'humanité comme le produit des caractères immanents et ineffaçables de l'individu ou de la race. Ensuite, ce concept se perfectionne et on en vient à trouver la cause du progrès dans l'intelligence, qui entraîne dans son propre développement celui de la société. C'est là la thèse de Comte et de Buckle, d'après laquelle l'histoire de l'humanité ne serait que le produit et le reflet de l'histoire de la pensée. Mais cette thèse ne résiste pas longtemps à un examen approfondi. En effet, on s'aperçoit bientôt que le développement intellectuel, loin d'être la cause de l'évolution sociale, en est le produit, ou que les phénomènes de l'idée se produisent comme contre-coup et reflet des phénomènes sociaux. En même temps les études anthropologiques

viennent saper à leur racine toutes les constructions théoriques, qui prétendent dériver les différences de l'organisation
sociale des peuples des différences irréduisibles de la race. En
effet, on le sait désormais, la notion même de race est
éminemment incertaine et subjective ; d'ailleurs, des peuples
issus des races les plus diverses présentent des phénomènes et
des formes sociales identiques, tandis que des peuples appartenant à des races alliées, tels que les Courds et les Allemands,
les Anglais et les Afghans, bien plus, des fragments d'un
même peuple, tels que les Anglais et les Américains du Nord,
sont sujets à des rapports économiques essentiellement différents, dès qu'ils se placent dans des conditions différentes du
milieu historique, ou du climat. — Et de cette façon on
parvient sans trop de peine à réduire à sa véritable figure cette
trop célèbre théorie de la race, essai malheureux d'explication postiche de phénomènes, que l'on ne parvient pas à
déchiffrer.

Sur les décombres de cette théorie sociologique il s'érige
plus tard une doctrine tout à fait différente, d'après laquelle
ce n'est plus l'intelligence dans son universalité, mais son
explication technique, ou l'outil, qui est la cause du mouvement historique; et les grandes métamorphoses sociales ne
sont que le produit de métamorphoses dans l'instrument de
la production (Marx). C'est la *charrue* du moyen âge, qui
remptace le *coude* gréco-romain : c'est la projection de l'activité humaine sur les choses, qui remplace cette activité
elle-même dans la fonction de mesure des choses. Mais cette
thèse aussi ne résiste pas longtemps à la critique. En effet, on
ne tarde pas à remarquer que, à conditions égales de l'instrument de la production on peut bien avoir la plus grande
inégalité dans la structure de la société ; on remarque en plus
que les explications techniques de la pensée, de même que

toute autre de ces manifestations, sont le produit du processus des phénomènes ; que, enfin, le développement de l'outil et de ses formes n'est que le produit de l'évolution des rapports économiques. — En effet, à côté des époques où l'invention des instruments de la production semble s'alanguir, ou même régresser, il y en a d'autres dans lesquelles elle prend l'essor le plus rapide et atteint les faîtes les plus étonnants. Ainsi, par exemple, à l'aurore de l'âge moderne on voit l'invention technique, qui était restée stationnaire pendant des siècles, prendre un essor inouï, grâce à une série de brillantes découvertes. Or, quelle est la cause de cet essor soudain? C'est que les rapports économiques ont changé, c'est qu'ont disparu ces constitutions sociales, qui étaient une entrave fatale au développement de l'outil. Bien plus ; les inventions de l'âge antérieur, qui n'avaient pas reçu d'application auparavant, trouvent à présent une application soudaine, grâce aux changements survenus dans les rapports économiques. Ainsi, la machine inventée par Moller en 1568 et qui alors est brisée par la révolte des ouvriers, est appliquée seulement en 1718 ; et l'Electeur de Saxe, en décernant un prix à celui qui voudra l'employer dans les usines, reconnaît que ce sont les temps changés qui en ont consenti l'introduction. Ce qui revient à dire que c'est le changement des rapports économiques qui rend possible l'application des engins techniques perfectionnés. Donc, bien loin que le développement de l'outil soit la cause du développement économique, ce sont les conditions changées de l'organisme économique, qui produisent les transformations historiques de l'instrument technique ; et partant la cause de l'évolution économique reste toujours sans explication.

Mais une méditation plus réfléchie ne tarde pas à remarquer, que, au delà de l'instrument technique, et plus profond que ceci, il y a un élément primordial du système économique, un élément qui n'en présuppose pas d'autre, et chez lequel on doit partant rechercher le propulseur de l'évolution sociale. Cet élément, c'est la terre, ou la métamorphose incessante de ses conditions de productivité, provoquée par l'accroissement perpétuel de la population humaine.

L'accroissement incessant du genre humain provoque en effet une série progressive de degrés de densité de la population, ou, ce qui revient au même, une série de degrés croissants dans l'occupation du territoire, et de degrés décroissants dans la productivité des dernières terres cultivées. Or, à un degré déterminé de densité de la population il correspond, ou s'érige sur lui, un système économique déterminé, un certain système de culture, un certain rapport entre la propriété et le travail, bref, un organisme déterminé de rapports sociaux. Mais le moment vient où ce système foncier et social se révèle impuissant à exploiter les nouvelles terres moins fertiles, qu'à présent il faut mettre en culture pour suffire aux besoins de la population augmentée; et partant à ce moment les conditions mêmes d'existence de la société imposent la destruction de l'organisme économique existant. Alors il s'annonce un de ces âges critiques, qu'Auguste Comte désigne du nom d'époques de décomposition sociale; mais du procès de décomposition émerge un nouveau système économique, capable de suffire aux besoins de la population épaissie et qui représente une forme sociale supérieure. Et ce nouveau système économique dure à son tour pendant une période plus ou moins longue, jusqu'au moment où cette même cause à qui il doit sa naissance et qui fonctionne toujours, bien qu'ignorée par la masse, le conduit à se dissoudre et à suivre les destinées des systèmes économiques antérieurs.

A grandes lignes, l'évolution des formes sociales a traversé les phases, ou organismes suivants, correspondants à autant de degrés successifs de l'occupation et de la productivité des terres.

Aux âges préhistoriques, dans lesquels il y a des terres fertiles disponibles en quantité illimitée, aucun ne s'engage spontanément à produire au profit d'autrui, car il peut fort bien employer son travail et ses épargnes sur une terre sans valeur. D'ailleurs, comme dans ces conditions de productivité débordante du sol le producteur n'a aucune raison d'associer son travail à celui de son voisin, ce qui imposerait des bornes à son indépendance — le travail des producteurs indépendants est nécessairement isolé. Que si l'on veut à tout prix instituer l'association du travail au milieu de ces conditions territoriales, il faut que l'intervention de l'Etat impose aux producteurs de s'associer. — La *mark* germanique, le *mir* russe, et aux âges plus anciens les despoties égyptiennes et asiatiques, ou à l'aurore même des sociétés humaines, l'organisation matérielle de la famille, n'avaient d'autre raison ni d'autre but que ceci; c'étaient des institutions visant à organiser, ou à associer collectivement les producteurs, qui, livrés à eux-mêmes, n'auraient accompli qu'un travail isolé et partant peu productif.

Mais au fur et à mesure de l'accroissement de la population et de la décroissance de fertilité des terres cultivables, cette forme surannée d'association, organisée par l'Etat ou par la commune, se révèle toujours plus insupportable et il s'impose la nécessité de la remplacer par une forme supérieure. Cette transformation s'accomplit, dans le plus grand nombre des cas, au moyen d'une série d'usurpations violentes, perpétrées par les individus les plus avides de la communauté contre les autres, qu'ils exproprient et contraignent à travailler pour leur profit. Mais comme, à ces époques, il y a toujours des terres cultivables en abondance, où les expropriés pourraient fort bien se transférer à produire à leur propre compte, les spoliateurs ne peuvent pas les obliger à travailler à leur profit, si ce n'est en s'emparant de leurs personnes, en leur ôtant la liberté. Et voilà l'origine véritable de l'esclavage, qui n'est pas, il s'en faut, le produit de la méchanceté humaine, ou de la religion primitive, mais bien la conséquence de l'abondance des terres occupables opposant un obstacle péremptoire à la domination absolue du capital. — Or, associant par la force les travailleurs, non plus sous l'autorité faible et lointaine de l'Etat, mais sous l'aiguillon pressant du propriétaire privé, l'esclavage constitue un progrès décisif vis-à-vis du mode de production antérieure. Peu à peu, cependant, la forme nouvelle devient intolérable, à mesure que la population, continuellement croissante, contraint de mettre en culture des terres encore moins productives. Et, à un certain moment, l'économie esclavagiste s'écroule à la suite d'une horrible catastrophe, pour céder la place à une forme plus productive, à l'économie féodale bâtie sur la servitude de la glèbe.

Et tandis que cette forme économique s'établit dans l'agriculture, les sièges de l'industrie, où toute forme de servitude est désormais incompatible avec les exigences de la technique et de la population, voient surgir les corporations de métier, qui associent ensemble les libres travailleurs, les maîtres, les compagnons et les apprentis.

Mais la servitude et la corporation subissent à leur tour le destin des formes économiques antérieures; car d'une part les bornes, qu'elles infligent à la production, deviennent toujours plus énergiques et vexatoires, d'autre part la nécessité de cultiver des terres moins fertiles rend ces bornes toujours plus intolé-

rables. Et cet ensemble de forces parvient enfin à briser la
forme économique vieillie et à la remplacer par une forme
jeune et supérieure.

Mais l'accroissement de la population, au moment même
où il pose le problème, offre les moyens de le résoudre. En
effet, à ce moment, grâce à l'occupation de la plus grande
partie du territoire, il n'y a plus de terres occupables, hormis
les terres très stériles, qui sont par là même inaccessibles aux
travailleurs dépourvus de capital. Or, ceux-ci, dans l'impossibilité de s'installer à leur propre compte sur des terres
libres, se voient contraints de vendre leur travail, pour vivre,
aux propriétaires de la richesse accumulée. De cette manière
la classe capitaliste parvient, pour la première fois, à employer
des ouvriers juridiquement libres et, à cause de leur liberté
elle-même, plus productifs que les esclaves ou les serfs. Sur
les décombres de l'économie du servage s'érige partout l'économie du salaire, douée d'une productivité supérieure à
celle des formes économiques antérieures. Et cette nouvelle
forme sociale excite puissamment les progrès de la technique
et les plus étonnantes transformations de l'industrie, suscite
l'expansion du commerce mondial, l'essor de l'agriculture et
de la colonisation ; et c'est sous ses auspices que le progrès
économique de tous les peuples du globe atteint ces faîtes
merveilleux, qui forment la gloire de notre civilisation.

Toutefois, tant que les meilleures terres sont seules occupées, le système du salaire peut bien s'établir, mais il ne peut
pas durer, si ce n'est à la condition que la rétribution de
l'ouvrier soit réduite au minimum indispensable à la vie ; car,
si le salaire venait excéder ce niveau, l'ouvrier pourrait accumuler un capital, qui lui permettrait de défricher une des
terres moins fertiles encore inoccupées et de s'y établir à son
propre compte. La persistance du système du salaire ne peut

donc être assurée, dans ces conditions territoriales, si ce n'est au moyen d'une réduction systématique du salaire au niveau minime. — Ce n'est qu'à un âge postérieur, lorsque le sol est complètement approprié, ce n'est qu'alors que le système du salaire peut durer, indépendamment de toute réduction systématique des salaires. Il suffit, en effet, pour cela, que la valeur de la terre soit toujours maintenue à un niveau tel, qu'il soit impossible à l'ouvrier d'en acheter, au moyen de ses épargnes, un lot suffisant à lui assurer l'indépendance économique.

Telle est, dans ses lignes les plus générales, l'évolution de l'économie humaine. On le voit, elle nous présente, comme dans un diorama grandiose, une série d'organismes sociaux, résultats d'une série correspondante de degrés de densité de la population et se développant chacun jusqu'à son maximum pour disparaître quand cette densité a atteint un degré supérieur. J'ai comparé autrefois l'alternance des formes économiques à une chaîne de montagnes dont la hauteur devient de plus en plus grande et d'où, après chaque ascension, le voyageur est contraint de redescendre avant de parvenir au sommet suivant et plus élevé. Ainsi le genre humain, ce pèlerin éternel, ne peut atteindre à une forme de vie plus haute, avant d'avoir descendu la pente de la forme économique existante. — C'est, enfin, une suite de paraboles, que décrit l'évolution sociale. C'est une série de développements et d'involutions, qui s'ensuivent sans trève, traçant dans leur genèse et leur déclin la route infinie de l'humanité.

Si la décroissance progressive de la productivité des terres, provoquée par l'accroissement incessant de la population, est la cause secrète de la succession historique des formes sociales — on s'explique très bien que toute diminution de la population soit suivie par une rétrogradation sociale.

Ainsi, la peste noire de 1348, en raréfiant la population, ramène l'Europe aux formes les plus barbares de la servitude; de même qu'en Espagne la dépopulation, produite par l'expulsion des Mores et des Juifs, provoque le retour aux formes économiques de la féodalité; et en Sardaigne la décroissance de la population engendre la réapparition de l'outillage technique de Rome ancienne. D'où vient la décadence économique de la France? se demandait naguère M. Mourre, dans un livre intéressant, et il cherchait la réponse dans la forêt touffue des institutions morales et politiques. Il oubliait de cette manière la cause véritable, qui n'est autre chose que l'état stationnaire ou décroissant de la population française.

Si la population s'accroît, mais sans donner lieu à une décroissance sensible dans la productivité du sol, le résultat inévitable c'est l'immobilité économique. Et nous en trouvons un exemple éloquent dans la Chine, où l'accroissement continuel de la population, ne provoquant pas de changement sensible dans les conditions de la production agraire, n'entraîne avec soi aucun progrès. Par contre, dans les pays où il se produit un accroissement plus rapide de population, qui impose plus tôt qu'ailleurs la mise en culture de terres plus stériles, l'évolution économique suit un rythme plus accéléré, et les nouvelles formes économiques y poussent bien plus tôt qu'ailleurs. Ainsi les irruptions des barbares et leur superposition à la population italique provoquent en Italie un accroissement soudain du nombre des habitants, qui engendre un brusque procès de décomposition sociale et le remplacement de l'esclavage par une forme économique supérieure, apparue seulement plus tard chez les autres nations européennes. De même, l'émigration des Huguenots et des Juifs de la France et de l'Espagne, et aujourd'hui de Russie, vers la Hollande, l'Angleterre et l'Amérique, n'a pas peu influé à susciter chez ces dernières nations la naissance et l'essor du capitalisme contemporain. Mais une autre influence contribue avec autant de force à produire ce résultat — et c'est la moindre productivité des terres dans les pays du nord, qui y impose dès l'abord des formes économiques et techniques douées d'une productivité supérieure. Ainsi, par exemple, si l'Allemagne, aussi aux âges les plus anciens, ignore l'esclavage brutal des Romains, ou bien l'adopte sous une forme adoucie et plus proche du servage, — cela est dû tout bonnement à la plus grande stérilité des terres allemandes, qui ôte toute possibilité d'instituer l'économie esclavagiste, à cause des bornes écrasantes qu'elle inflige à la production.

Partant les faits les plus nombreux et irréfutables démontrent la vérité de la thèse, qui voit dans l'accroissement de la population la cause essentielle de l'évolution économique. Mais cette thèse acquiert une force ultérieure, parce qu'elle évite très heureusement les lacunes et les vices dont sont entachées les théories considérées auparavant. En effet, si la thèse de Marx fait découler l'évolution économique d'une cause qui n'est pas ultime, mais est à son tour l'émanation de causes antérieures — notre thèse renoue la succession des formes économiques à un fait de nature biologique irréductible, tel que l'accroissement de la population. C'est bien vrai (et on me l'a opposé de plusieurs côtés) que la rapidité de l'accroissement de la population n'est pas une cause première, mais c'est, au contraire, un produit de l'organisme économique lui-même, au milieu duquel la population se développe. Mais la rapidité plus ou moins grande, d'après laquelle la population s'accroît réellement, est tout à fait irrelevante pour notre théorie, pour laquelle il suffit de ce fait fondamental, que au bout d'une période quelconque la population s'accroît. Or, ce fait, absolument biologique et commun à tous les âges, est complètement indépendant de l'organisation sociale, ou de sa configuration historique.

D'ailleurs, si la thèse, qui renoue les phénomènes sociaux à la race ou à l'intelligence, se trouve incapable de traduire en une formule concrète ou de mesurer d'une manière quelconque ce facteur supposé — notre thèse triomphe aisément de cette difficulté; car rien n'est évidemment plus aisé que de traduire en chiffres la productivité des terres cultivées par un peuple donné à une époque déterminée.

Un fait aussi très remarquable et qui vient prêter un ultérieur appui à notre théorie sociologique, c'est que celle-ci voit le fondement de l'évolution économique et sociale dans ce même facteur, que les sciences naturelles les plus progressées placent à la racine de l'évolution biologique. Quel est, en effet, le phénomène où la biologie contemporaine voit le propulseur de la transformation des espèces et de leur ascension progressive dans l'échelle de l'organisation et de la vie — si ce n'est l'accroissement incessant des êtres, d'où émerge la lutte pour l'existence, le triomphe et la survivance des plus aptes?

Eh bien ce même accroissement numérique des êtres, qui est la cause de la succession progressive des espèces, est aussi la cause de l'évolution ascensionnelle des formes économiques et sociales; au même moment où il perfectionne la technologie organique des individus, ou leur structure fonctionnelle, il modifie aussi et améliore leurs rapports avec leurs semblables ou la structure de leur agrégat. Et l'on a là une preuve nouvelle de l'admirable sobriété de la nature, ou de l'imprévoyable simplicité et économie exquise de ses mécanismes; car les métamorphoses des plantes de même que l'évolution de la technique, les formations d'organes nouveaux chez les êtres, de même que l'origine de l'esclavage et du salariat, les couleurs des animaux de même que l'organisation du crédit — tous ces phénomènes, apparemment lointains et tout à fait hétérogènes, se révèlent à une analyse approfondie comme le produit d'un même phénomène initial et générateur — la pression lente, séculaire, silencieuse des individus sur les subsistances, l'accroissement implacable et indomptable des êtres organisés.

Mais voilà une remarque essentielle, qui s'impose à présent à notre attention. Si l'évolution économique émane de l'accroissement de la population, ce n'est pas toutefois qu'elle exige, à se produire, la présence d'un excédent positif des hommes sur les moyens de les nourrir; et c'est là une différence essentielle entre l'évolution sociale et l'évolution animale. Le principe de Kant, que les diverses formes de l'évolution, depuis sa phase astronomique jusqu'à sa phase sociale, présentent, non seulement des phénomènes, mais des lois d'un ordre différent, apparaît plus vrai que jamais dans ce cas particulier. En effet, chez les êtres inférieurs l'évolution ne découle pas seulement de l'augmentation, mais de l'exubérance de la population, de son excès sur la masse des vivres disponibles; car la transformation sélective ne peut fonctionner, si ce n'est à la condition que la quantité des vivres soit insuffisante à nourrir tous les individus, qui existent à un moment donné sur la superficie du globe. Mais la vie sociale des êtres humains est soumise à des conditions foncièrement différentes. Tandis que, chez les espèces inférieures, les aliments fournis par la nature ne sont pas capables d'accroissement, ceux des hommes, hormis dans une période primitive et idyllique, sont le produit du travail et peuvent fort bien s'accroître sans cesse, quoique dans des

conditions de plus en plus défavorables, et par des efforts de plus en plus grands ; car, pour les produire, il faut défricher des terres nouvelles, douées d'une moindre productivité, ou bien employer des capitaux, toujours moins productifs sur des terres déjà cultivées. Or, de cette caractéristique, tout à fait particulière à l'homme, il découle une conséquence très significative : que, chez les espèces inférieures, tout accroissement de la population, qui n'arrive pas à excéder la masse des vivres existants, ne donne pas lieu à aucun progrès ; tandis que chez l'homme, pour provoquer le progrès il suffit d'un accroissement quelconque de la population, qui peut aussi ne pas dépasser la quantité des vivres disponibles. En effet, tout accroissement de la population impose aux hommes d'accroître la production et de lutter contre les difficultés toujours grandissantes, que l'inerte matière vient lui opposer. Le génie humain est poussé de cette manière à la recherche de méthodes de production de plus en plus efficaces et de rapports économiques de plus en plus perfectionnés, capables de réduire dans des bornes plus étroites les sacrifices de capital et de travail, nécessaires à l'accroissement de la production sociale. Si partant, la cause première de l'évolution animale est l'excès de population, celle de l'évolution humaine et sociale est tout bonnement l'accroissement de la population, qui peut fort bien ne donner lieu à aucun excédent positif des individus sur la masse des vivres capables de les nourrir. — Et c'est bien là une marque ultérieure de la supériorité de la race humaine sur les espèces animales ; car chez celles-ci le progrès s'accompagne fatalement du massacre d'une partie de l'espèce, d'un carnage sans trève, tandis que l'évolution humaine échappe à cette sinistre destinée et s'accomplit sans qu'une perpétuelle hécatombe la sollicite et l'anime.

Mais l'étude d'un mouvement ne peut pas se borner à la constatation des étapes qu'il a parcourues jusqu'ici ; car un problème ultérieur et plus poignant s'impose à l'attention du penseur. Ce mouvement où tend-il, quelle en sera l'étape prochaine? Bien plus : l'évolution sociale est-elle condamnée à traverser dans l'avenir éternel une série infinie de formes toujours nouvelles, qui viennent successivement s'effondrer sous le poids de la population sans cesse grossissante? ou, au contraire, atteindra-t-elle un jour à une forme définitive, qui en assure la stabilité et l'équilibre?

Il n'est que trop évident, qu'à ce moment le secours de l'expérience nous fait défaut et que nous en sommes réduits à puiser la solution du problème dans le terrain peu solide de la conjecture et de l'hypothèse. — Toutefois des considérations de diverse nature, dont le poids ne saurait être méconnu, nous portent à croire que l'évolution économique n'est pas infinie, mais qu'elle doit, au contraire, aboutir à une forme sociale définitivement équilibrée. Un premier argument à l'appui de cette thèse nous est fourni par ce fait général, que *toute évolution est de sa nature limitée.* Par exemple, peut-être que l'évolution biologique ne rencontre-t-elle pas des bornes infranchissables? Mais c'est là un fait, que nous pouvons constater très aisément par l'expérience. L'impuissance progressive de notre espèce à produire des races nouvelles ne saurait être niée par personne; et il suffit de comparer les types humains sculptés il y a quatre mille ans sur les monuments égyptiens avec ceux des hommes d'aujourd'hui, pour reconnaître que le type humain n'a pas absolument changé pendant cette énorme période, ou que l'évolution de notre espèce s'est arrêtée depuis longtemps. — En comparant les statues des Grecs avec celles des modernes, les opéras de Verdi ou de Wagner avec ceux des maîtres contemporains, il nous faut avouer que l'évolution artistique rencontre aussi des limites qu'elle ne peut pas franchir. — L'analyse comparée du droit romain et des formulations juridiques successives, l'étude de l'histoire de la religion ou de la littérature, ne nous apprennent pas avec une moindre évidence que toute évolution est finie. Depuis bien des siècles, en effet, on ne voit pas surgir des religions nouvelles ; et personne n'ignore que l'évolution de l'épopée, du roman chevaleresque, de la poésie bucolique, s'est arrêtée depuis longtemps. — Tous ceux qui travaillent avec une si noble ferveur pour la paix universelle ne visent pas à autre but que la cessation de l'évolution militaire. — Les manifestations de l'amour, platonique ou érotique, ne sont-elles pas les mêmes dans tous les siècles ? En somme, un examen quelque peu approfondi ne tarde pas à nous montrer, que chaque forme de l'activité humaine ne peut pas se développer *ad infinitum*, mais que son évolution vient se heurter fatalement contre un terme plus ou moins rapproché. Et j'affirme aussi qu'il n'en saurait être autrement ; car l'arrêt des évolutions partielles est la seule condition, qui rend possible l'évolution universelle. En effet, les forces qui, jusqu'à un moment donné, se trouvent absorbées par la production d'une évolution déterminée, se dégagent, dès que cette évolution vient à cesser, et peuvent s'adonner à la production d'une évolution supérieure ; de manière que cette dernière a été possible, par cela seulement que l'évolution inférieure s'est achevée. Tout donc nous porte à conclure que l'évolution n'est pas infinie ; une vérité celle-ci, que déjà Hegel a nettement aperçue, car il a dit : « Le progrès indéfini appartient à la réflexion dépourvue de notion ; la méthode absolue, qui a dans la notion son âme et son contenu, ne peut pas y amener. »

Or, si les manifestations les plus diverses de l'évolution ne sont pas infinies; si le caractère fini des évolutions partielles est la condition préalable de l'évolution universelle, il n'y a pas de raison pour admettre que l'évolution économique doive faire exception à la règle, qu'elle seule doive être illimitée. Au contraire, la logique la plus naturelle nous porte à conclure que, à l'instar des autres formes de l'évolution, l'évolution économique doit avoir un terme, qu'elle doit enfin aboutir à une structure sociale, stable et équilibrée.

D'ailleurs, en dehors aussi des argumentations de la logique, l'observation la plus élémentaire nous impose cette conclusion. En effet, pour qu'un mouvement, qui se produit sous l'aiguillon d'une cause donnée, soit infini, il faut que cet aiguillon fonctionne sans trêve à son tour. Si, au contraire, à un certain moment, l'aiguillon cesse de fonctionner, l'évolution qui en est le produit doit forcément s'arrêter. Eh bien, l'accroissement de la population, cet aiguillon qui a engendré jusqu'ici la succession ascensionnelle des formes sociales, n'est pas destiné à un progrès, à une action éternelle ; au contraire, il doit cesser dans un avenir plus ou moins prochain, mais qu'en tout cas l'on peut présager. — En effet, au fur et à mesure que le sort des travailleurs s'améliore, que leur caractère s'ennoblit, ils vont se détachant chaque jour plus des mœurs brutales d'autrefois, et s'abstiennent de la procréation imprévoyante ; — et nous en avons la preuve de notre temps, dans lequel il a suffi d'un faible accroissement du taux des salaires pour réduire dans une mesure très sensible la fécondité des ouvriers. — Eh bien, comme, le développement ultérieur de nos sociétés doit améliorer progressivement le sort des travailleurs, il s'ensuivra forcément une baisse progressive du taux d'accroissement de la population et enfin sa stationnaireté. A ce moment on aura atteint cet état stationnaire, que les économistes ont annoncé depuis longtemps ;

l'organisme social s'apaisera enfin dans une forme symé-
trique et définitivement équilibrée; et les forces humaines,
délivrées du travail séculaire de l'évolution économique,
pourront se tourner, au profit de tout le monde, vers des
formes nouvelles et supérieures de l'évolution éternelle.

DEUXIÈME LEÇON

La Méthode coloniale.

Tous les esprits pénétrants ont remarqué que la science
sociale doit la plus grande partie de ses modernes progrès à
l'adoption de la méthode comparative. Personne ne doute, en
effet, que la comparaison d'organismes sociaux différents ne
sert admirablement à préciser le caractère essentiellement historique des institutions humaines et à démontrer que celles-ci,
au lieu d'être imposées à l'homme à perpétuité par une raison
suprême et immuable, sont le résultat de conditions tout à
fait contingentes, qui existent bien aujourd'hui, mais qui
pourraient disparaître demain. Sans doute la méthode comparative parvient à arracher aux rapports sociaux cette
couronne d'immortalité, dont la science, ou pour mieux dire
l'ignorance, des siècles passés les avait entourés et à les
réduire à la modeste figure de créations fugitives, assu-
jetties à un perpétuel procès de devenir et mourir. Et la
démonstration du caractère historique des rapports sociaux
ouvre le champ à leur critique, qui n'aurait pas, au contraire, de possibilité ni de sens, si l'on était en présence
d'institutions inébranlables et éternelles.

Mais ce n'est que juste d'avouer que, dans la forme et dans les limites qui la caractérisent jusqu'ici, la méthode comparative ne nous aide pas à dévoiler la causalité des phénomènes sociaux. En effet, les modernes sociologues se bornent à comparer entre eux des peuples, ou des groupes ethniques, qui diffèrent l'un de l'autre sous tous les aspects ; ils opposent l'Européen au Chinois, l'Anglais à l'Iroquois, l'homme civilisé au sauvage ; et comme ils trouvent que les institutions dominantes chez nous ne se manifestent pas, ou se manifestent sous des formes foncièrement diverses, chez des peuples moins civilisés, ou appartenant à des races différentes, ils en concluent fort justement que les institutions qui nous régissent, n'ont pas existé de toute éternité, mais sont le reflet fugitif d'un instant de l'évolution. Mais l'on peut demander : et pourquoi donc ces institutions se manifestent-elles sous des formes tout à fait différentes chez les peuples divers ? Quelle est, en d'autres mots, la cause des différences essentielles que l'on remarque dans la constitution sociale des différents peuples? Voilà un problème, auquel la méthode comparative, telle qu'elle a été pratiquée jusqu'ici, ne donne pas de réponse. En effet, tant que la comparaison se rapporte à des peuples, différents entre eux *toto cœlo*, par les facteurs psychologiques (culture, langue, intelligence, développement technique, sentiments moraux, droit, etc.), de même que par les facteurs extérieurs ou naturels (climat, conditions d'occupation, d'appropriation et de fécondité du sol, etc.), on ne peut pas décider si les différences, que l'on remarque dans la constitution sociale de ces peuples, sont dues à la différence de tous ces facteurs, ou bien de quelques-uns seulement; en d'autres mots, on ne peut pas établir si l'organisme social est le produit des facteurs psychologiques et des facteurs naturels, ou bien des premiers seulement, ou au contraire des derniers. Ce qui revient à dire, que le problème de la causalité sociale ne peut pas recevoir de solution précise.

Si l'on veut sortir de cette difficulté embarrassante, il faut absolument avoir recours à cette méthode de différence, qui est, d'après Stuart Mill, la plus parfaite des méthodes expérimentales. Il faut, en d'autres termes, comparer entre eux des pays qui diffèrent l'un de l'autre, non pas par toutes les manifestations de la vie sociale, mais seulement par quelques-unes. Par exemple, après avoir placé d'un côté tous les éléments se rapportant à l'homme et de l'autre tous ceux se rapportant à la terre, qui peuvent exercer une influence quelconque sur la vie sociale, il nous faut comparer entre eux deux pays, différents entre eux seulement par les éléments de la première espèce, ou seulement par ceux de la deuxième. Si, en comparant deux peuples, qui diffèrent l'un de l'autre seulement par les conditions d'appropriation et de productivité des terres, nous trouvons que leur constitution sociale est tout à fait différente, nous pouvons immédiatement en conclure que ces conditions-là sont vraiment un facteur de la constitution sociale. Naturellement cela ne nous dit rien des éléments de l'autre espèce, les éléments humains ou psychologiques; cela ne nous apprend pas s'ils sont ou ne sont pas des facteurs de la structure sociale; et partant nos conclusions sont encore bien loin d'avoir atteint un degré désirable de généralité et de certitude. Pour obtenir à ce sujet une réponse satisfaisante, il nous faut comparer entre eux deux pays, qui diffèrent l'un de l'autre rien que par les facteurs psychologiques. Ces pays présentent-ils une constitution sociale différente? L'on a en cela même la preuve évidente que les facteurs humains contribuent puissamment à la formation de la constitution sociale. Mais si, au contraire, la constitution sociale de peuples, différents entre eux rien que par les facteurs psychologiques, est absolument identique, nous sommes forcés de conclure que les conditions d'appropriation et de productivité de la terre, bref, les conditions territoriales, ont seules influence à façonner la constitution sociale, tandis que les conditions intrinsèques de l'homme assistent, tels que des personnages muets, au drame sanglant de l'histoire. Et l'on devrait conclure en sens opposé dans le cas inverse.

Eh bien, une comparaison de ce genre peut fort bien s'accomplir grâce à l'existence des colonies. En effet, si nous comparons une colonie, telle qu'elle existe à un moment donné, avec la mère-patrie, telle qu'elle existe au même moment, nous comparons effectivement entre eux deux pays, qui présentent une identité parfaite pour tout ce qui concerne la race, la religion, la culture, l'intelligence, la force musculaire, la tradition, bref pour tout ce qui se rapporte à l'élément psychologique, humain, et présentent au contraire une diversité, même une antithèse catégorique, pour ce qui touche les conditions de productivité et d'appropriation du sol, car dans la métropole la terre est totalement occupée et, dans sa plus grande partie, cultivée, tandis que dans la colonie une vaste portion du territoire reste en friche et inappropriée. — Or si, à un moment donné, la constitution sociale des colonies diffère essentiellement de celle de la mère-patrie, il nous est impossible d'attribuer cette différence à l'influence des facteurs psychologiques, qui sont identiques dans les deux pays, mais il nous faut voir dans cette différence le résultat de la diversité des conditions de productivité et d'appropriation de la terre; et nous sommes partant autorisés à affirmer que les conditions territoriales sont un facteur de la constitution sociale. Tout cela, à vrai dire, n'empêche pas que les élé-

ments humains ou psychologiques soient aussi des facteurs
sociologiques. Mais comparons à présent les colonies à un
moment donné avec la mère-patrie à un âge plus ancien, où
la densité de la population et partant les conditions d'appropriation et de fécondité du sol y étaient identiques à celles que
nous venons de constater dans la colonie; évidemment nous
comparons par là deux agrégats sociaux, qui diffèrent entre
eux par tous les éléments humains et psychologiques. Dans
la colonie, en effet, la civilisation la plus exquise; dans la
période ancienne de la mère-patrie, la barbarie la plus brutale;
la race, la religion, la culture, le développement technique,
les sentiments moraux sont dans les deux pays absolument
différents; bref, l'élément humain s'affirme chez les deux peuples sous des formes plus que diverses, absolument opposées.
Seul l'élément territorial est absolument identique chez les
deux groupes sociaux. Eh bien, si la constitution sociale de
la colonie, à un moment donné, offre une reproduction exacte
de celle de la mère-patrie à son époque plus ancienne, où les
conditions territoriales y étaient identiques à celles que nous
venons de constater chez sa dépendance, il nous faut conclure que l'élément humain n'a pas d'influence sur la constitution sociale, qu'il n'est pas un facteur sociologique, que le
générateur exclusif de la constitution sociale c'est le degré de
l'occupation et de l'appropriation du territoire.

Mais quels sont donc les résultats concrets auxquels
aboutit la comparaison, accomplie de la façon naguère indi-
quée, entre le nouveau monde et l'ancien?

Si nous comparons les premières colonies, fondées en
Amérique par les Anglais au XVIIe siècle, avec l'Angleterre de
la même époque, nous nous trouvons en face de deux constitutions sociales absolument différentes et même opposées.
Le système capitaliste moderne, dominant à cette époque du

nord au sud de la Grande-Bretagne, avec ses institutions annexes ou intégrantes du salaire et du profit, de la rente foncière et du paupérisme, ne parvient pas à se développer, ni même à éclore sur le vierge sol des colonies. Vainement les capitalistes anglais émigrent-ils dans les colonies avec des capitaux imposants et avec des escouades de prolétaires, dans le but de fonder dans ces communautés naissantes des vastes ateliers. Sitôt qu'ils ont posé le pied sur le territoire américain, ils se voient abandonnés par leurs ouvriers, qu'ils ont amenés avec eux à tant de frais. C'est que ces ouvriers, en se trouvant en présence d'une immense étendue de terres disponibles, s'enfuient de toutes parts et deviennent des libres cultivateurs. Vainement les capitalistes effrayés offrent-ils aux déserteurs les postes les plus avantageux, les rémunérations les plus splendides, pour les induire à rester à leur service; il n'y a pas de rémunération somptueuse qui, dans l'appréciation des travailleurs, soit équivalente à la propriété libre et absolue de la terre. Quoi que l'on fasse, le salaire ne parvient pas à s'établir dans les colonies surgissantes ; le système capitaliste ne peut même pas y poindre ; la constitution sociale y présente dès l'abord une empreinte essentiellement opposée à celle qui la caractérise en Europe. Or, cette diversité de structure sociale des colonies, à leur premier âge, et de l'Europe leur contemporaine, ne peut pas évidemment dériver d'une différence de caractère national, ni de la race, parce que ces éléments sont les mêmes dans les deux pays ; elle est due évidemment aux conditions particulières de la densité de la population et de l'appropriation du sol dans les pays nouveaux; elle démontre partant, d'une façon péremptoire, que les conditions de l'appropriation de la terre sont un facteur sociologique.

Mais si, au lieu de comparer les colonies primitives de

l'Amérique avec l'Europe leur contemporaine, nous les comparons avec l'Europe primitive, voilà que le spectacle vient
tout à coup à changer ; au lieu de l'antithèse naguère constatée,
nous remarquons alors l'identité la plus absolue dans la constitution sociale des deux pays comparés. L'appropriation
collective du sol, l'organisation despotique des rapports économiques par l'État, la division coërcitive des occupations,
toutes ces institutions qui forment le tissu social des commu-
munautés primitives, vont reparaître avec des traits absolument pareils dans les colonies surgissantes. Et toutefois le
facteur psychologique, humain, est, chez les deux groupes
sociaux, tout à fait différent, même opposé ; et toutefois on
nous a répété cent fois que la propriété collective, existante à l'aurore de toute société humaine, n'était que le produit naturel de la barbarie primitive, qui étouffait la libre
expansion des penchants individualistes, et qu'elle devait par
cela même disparaître, dès que l'influence bienfaisante de la
civilisation fit éclore chez l'homme l'amour de la libre initiative et l'horreur de la contrainte gouvernementale. Mais
qu'importe ? Toutes ces considérations abstraites, théoriques,
idéologiques s'évanouissent, telle que la neige au soleil, en
présence des expériences coloniales. Celles-ci, en effet, viennent nous prouver que le communisme barbare des premiers
âges reparaît, sous sa forme la plus brutale, chez un peuple
individualiste, civilisé, raffolant d'essor et de liberté - et qu'il
y reparaît par cela seulement que ce peuple vient se placer
dans des conditions territoriales analogues à celles des
anciens peuples. Or, cela nous démontre d'une manière irréfutable que l'organisation collectiviste de l'économie sociale
n'est pas le produit des facteurs psychologiques, mais des facteurs territoriaux ; qu'elle est le résultat de l'étendue illimitée
des terres libres ; et que, partant, elle se produit chez les peu-

ples les plus différents de civilisation et de mœurs, tant qu'une
partie considérable de leur territoire reste inculte et inappropriée.

Toutefois si cette bizarre reproduction du passé de l'Europe
devait se manifester seulement aux débuts de la vie coloniale,
on pourrait aisément l'attribuer à des circonstances exceptionnelles, ou à l'anarchie sociale qui caractérise la première phase
des colonies ; et on aurait raison d'affirmer que sur une expérience accomplie dans ces conditions on ne saurait bâtir
aucune conclusion générale. Laissons donc, laissons de côté
la phase primordiale des colonies et transportons-nous dans
cette période plus avancée, où la densité de la population est
plus grande et la cohésion sociale plus compacte. A ce moment
on voit la propriété collective sombrer dans toutes les colonies
et sur ses décombres s'ériger la propriété individuelle la plus
effrénée. Mais est-ce que la constitution sociale des colonies
devient par là semblable à celle qui domine dans l'Europe leur
contemporaine? Pas du tout. La constitution sociale des colonies dans leur deuxième phase n'est qu'une reproduction,
parfaite à s'y méprendre, de celle qui se déploya en Europe à
un âge plus ancien, où les conditions de l'appropriation et de
l'occupation du sol étaient tout à fait analogues. A cet instant
de leur vie, en effet, comme si un dieu inexorable venait
l'imposer avec une ponctualité automatique, toutes les colonies adoptent l'esclavage, et cette institution se développe
dans les nouvelles sociétés américaines sous des formes absolument identiques à celles qu'elle a revêtues dans l'Europe
gréco-romaine. Il n'y a pas jusqu'aux anciennes apologies
philosophiques de l'esclavage qui ne renaissent *totidem verbis*
dans les colonies esclavagistes. Et toutefois on nous a répété
à satiété que l'esclavage ancien était le produit du paganisme,
de la barbarie, de l'imperfection de l'outillage industriel et

que c'est au christianisme et aux progrès techniques qu'on
doit l'élimination de cette exécrable souillure. Mais voilà
autant d'affirmations bien plausibles qui se trouvent renver-
sées par le spectacle pittoresque et tragique de l'esclavage
colonial. Voilà, en effet, que l'esclavage ancien vient reparaître chez des sociétés chrétiennes, dont la civilisation, la
culture, la race, bref tous les éléments humains sont tout à
fait différents et non comparables à ceux des anciens peuples
européens, mais qui se développent dans des conditions
d'appropriation du territoire tout à fait identiques à celles de
l'Europe esclavagiste. Or, ce fait ne démontre-t-il pas aux plus
sceptiques que l'esclavage et, partant, l'entière organisation
économique, politique, sociale qui en découle, n'est pas le
résultat des conditions psychologiques, ni même d'une phase
particulière dans le développement idéologique ou technologique de l'humanité, mais qu'il émane, par une fatalité tragique, d'une phase spéciale de l'occupation et de l'appropriation du territoire? Ne révèle-t-il pas, encore une fois, que c'est
la terre et non pas l'homme qui est responsable de la constitution sociale?

Mais les colonies poursuivent maintenant leur course
rapide; et bientôt l'accroissement énergique de la population
vient y étendre l'occupation du territoire à des zones jusqu'ici
inappropriées. Or l'on comprend très bien que les nouvelles
conditions démographiques, en imposant une production plus
considérable, vont rendre insupportable l'organisation industrielle fondée sur l'esclavage et nécessaire son remplacement
par une forme économique supérieure. Mais il semble aussi
très logique que, à ce moment, où il faut remplacer l'esclavage
ébranlé par une forme économique plus productive, les colonies doivent enfin importer de la mère-patrie ce système économique puissant et perfectionné qui y règne. Eh bien, il n'en

est rien. Au sortir de leur phase esclavagiste, les colonies réta-
blissent les rapports de production que l'Europe avait adoptés
autrefois, lorsqu'elle présentait ces mêmes conditions d'occupation du territoire qui se manifestent à ce moment dans les
colonies. De même que l'Europe au sortir de l'esclavage, les
colonies, dans leur troisième phase, organisent la culture du
sol sur la base de la servitude. En même temps, dans les villes
coloniales, on voit pousser un essaim d'associations de travailleurs capitalistes et de simples travailleurs qui divisent le
produit entre les copartageants, ayant égard exclusivement à
la quantité de travail accomplie par chacun. Voilà donc une
reproduction plastique de cette corporation de métiers, qui a
organisé l'industrie de l'Europe dans les siècles passés. Mais
on voit renaître, en même temps, dans les colonies, et s'y donner libre carrière, la collection des lois coërcitives qui visent à
souder le travailleur à l'industrie, les taxations officielles des
salaires et des prix, le protectionnisme régional, les lois contre
l'usure. C'est le *Moyen-Age des colonies*, où viennent se
réfléter avec une précision et une exactitude étonnantes les
traits les plus marquants du moyen-âge européen; c'est la
reproduction de l'âge héroïque de la poésie et du romantisme
qui vient s'accomplir, au milieu de la civilisation bourgeoise
la plus exquise, par l'œuvre du peuple le plus moderne, le
plus marchand, le plus prosaïque qui a jamais existé. C'est
enfin la résurrection d'un ensemble de rapports sociaux ensevelis, qui se produit dans des conditions psychologiques tout
à fait différentes et opposées à celles qui accompagnèrent sa
manifestation primitive, par suite de la reproduction des conditions territoriales sous l'empire desquelles il est né. Docu-
ment mémorable de la dépendance absolue des phénomènes
sociaux des conditions de l'appropriation de la terre et de leur
indépendance absolue des conditions psychologiques de

l'homme qui toutefois est censé être le créateur et le souverain de ces phénomènes.

Le moment vient enfin, dans les colonies, où les terres
exploitables par le travailleur sont totalement appropriées.
Or à ce moment où, à proprement parler, les colonies ne
méritent plus ce nom, car leurs conditions démographiques
et territoriales coïncident désormais essentiellement avec les
conditions contemporaines de la mère-patrie, à ce moment
enfin les colonies adoptent la constitution économique de
l'Europe; le salariat fait son entrée triomphale dans la ferme
et dans la fabrique coloniale et y bâtit le piédestal humain sur
lequel vient s'ériger l'édifice majestueux des institutions capitalistes. Et toutefois, aux débuts de sa nouvelle phase, l'économie coloniale n'est pas encore tout à fait identique à celle
de la mère-patrie contemporaine; elle rappelle bien plutôt
cette forme économique qui se déploya dans la mère-patrie au
moment où le salariat y prit naissance. En effet, toutes les
institutions qui accompagnent le capitalisme européen pendant les premiers siècles de son existence tourmentée, et dont
le but caché et l'infaillible résultat sont la réduction des
salaires, se reproduisent avec une étonnante analogie dans la
première phase du salariat colonial. Ce n'est qu'à un âge postérieur des colonies, lorsque le sol y est complètement approprié, ce n'est qu'alors que le capitalisme y revêt enfin ces
allures normales, ou moins barbares, qui le caractérisent dans
nos vieilles sociétés.

Voilà, dans un très rapide précis, le grandiose panorama
des constitutions sociales qui se déroule dans les colonies
modernes et qui vient ainsi résumer, dans une période relativement raccourcie, la légende des siècles. Une étude des colonies du moyen-âge, ou de celles de l'antiquité, ne saurait nous
donner qu'un fragment de ce même développement, car dans

ces conditions, c'est moindre le nombre des phases que la mère-patrie a parcourues et que la colonie doit reproduire. Les colonies du moyen-âge, par exemple, ne parviennent pas à adopter le système féodal déjà florissant dans la mère-patrie, si ce n'est après avoir traversé une période de propriété collective plus ou moins explicite et une période successive d'esclavage abrutissant. Les anciennes colonies n'instituent non plus de premier abord le système esclavagiste ; elles ne parviennent à l'organiser qu'après avoir demeuré pendant quelque temps sous l'empire de la propriété commune. Nous nous trouvons donc en face d'une régularité éternelle, qui se réalise chez tous les peuples du globe avec la nécessité inflexible d'une loi naturelle ; régularité d'autant plus remarquable, qu'elle présente une étonnante analogie avec une des régularités les plus marquantes qu'ait révélées la physiologie scientifique. De même, en effet, que l'homme parcourt dans sa vie intra-utérine toutes les phases de l'évolution organique, de même l'humanité parcourt dans sa vie coloniale toutes les phases de l'évolution sociale.

Mais cette grande loi anthropologique, que les colonies nous révèlent, n'a pas seulement la valeur d'une régularité intéressante, ou d'une surprise intellectuelle. Elle contient en soi une série de précieux renseignements pour l'économiste, le politicien, le criminaliste, de même que pour le philologue, l'historien et le sociologue.

L'économiste apprend par les colonies, et seulement par elles, la raison d'être des institutions capitalistes. En effet, les pays nouveaux nous démontrent que, tant que la terre est immédiatement accessible au travailleur, celui-ci ne s'adapte jamais à entrer au service d'un autre homme, mais qu'il s'empresse d'employer son travail à son propre profit, en s'établissant pour son compte sur une terre sans valeur. Et voilà que cette constatation banale détruit la pieuse foi des économistes dans l'éternité du revenu du capital ; voilà renversé d'un seul coup l'échafaudage de leurs mirobolantes théories, visant à justifier le revenu du capital, en le qualifiant de la récompense de l'épargne, de la prévoyance, de l'abstinence et d'autres vertus plus ou moins théologales. Les colonies sont là pour nous prouver que toutes ces prétendues vertus sont impuissantes à doter le capital d'un profit, là où il y a des terres disponibles. Tant qu'il y a des terres libres, les bienheureux, en qui viennent s'incarner ces vertus ascétiques et qui en demandent la récompense ici-bas, doivent s'emparer par la violence de la personne du travailleur, imposer par le fer et le sang toutes les horreurs de l'esclavage. Donc, dans ces conditions, la source du profit n'est pas l'épargne, l'abstinence, etc., mais bien l'appropriation violente de la personne du travailleur, qui l'empêche brutalement d'occuper le sol. Ce n'est que plus tard, lorsque les nouvelles poussées de la population permettent au capital de s'emparer de tout le territoire, lorsque, par conséquent, il n'y a plus de terres accessibles au travailleur, ce n'est qu'alors que celui-ci se voit contraint de vendre son travail pour un plat de lentilles et d'abandonner au capital la plus grande partie du produit ; alors, pour la première fois, on peut obtenir un profit en employant un travailleur légalement libre et le vertueux de l'abstinence peut empocher des revenus princiers sans qu'il doive pour cela réduire à l'esclavage l'ouvrier qui les produit. Mais à ce moment aussi, la base véritable des revenus capitalistes n'est pas l'épargne, n'est pas l'abstinence, parce qu'elles se sont déjà démontrées impuissantes à engendrer par elles-mêmes le profit du capital ; à présent, la vraie cause du profit, c'est l'appropriation capitaliste de tout le sol, qui, en l'interceptant aux travailleurs, livre ceux-ci à la merci du capital. De cette manière le capitalisme contemporain nous apparaît tel qu'il est de fait — le produit contingent d'une phase historique de l'appropriation de la terre. Et cette notion du capitalisme vient frayer la route à sa critique, à sa réforme, aux efforts pour amener sa suppression, qui ne seraient au contraire pas même concevables, s'il était, ainsi que les économistes vont nous le prêchant, le résultat éternel des instincts immuables de la nature humaine.

Mais l'analyse des colonies n'est pas d'un moindre secours à la science politique; car les colonies nous démontrent que la démocratie ne saurait germer, si ce n'est sur le terrain de l'égalité économique, tandis qu'elle devient absolument impossible dès que l'inégalité sociale s'intronise. Tocqueville, qui n'a jamais compris le sous-sol économique et partant nécessairement fugitif des institutions démocratiques américaines, ne vit pas le péril très grave qui les menaçait de ce côté et il se borna à signaler des dangers de toute autre nature, politiques ou constitutionnels, qui auraient pu découler des tendances décentralisatrices poussées trop loin. Mais il se trompa. Le vrai danger, qui menaçait la démocratie d'Amérique, ce n'était pas la décentralisation, mais bien le capitalisme et l'inégalité des fortunes; et ce fut lui seulement qui vint briser ces institutions démocratiques des premiers âges, expression loyale des libertés citoyennes, pour installer à leur place un Etat essentiellement oligarchique, dominé par les marchands de cochons de Chicago et par les monopoleurs de pétrole de la Pensylvanie.

La méthode coloniale n'est pas d'un moindre subside à la science des religions. En effet, la religion américaine des premiers temps nous offre une reproduction frappante des religions primitives et le contraste le plus marquant avec la religion contemporaine. Comme le dit fort bien M. Bargy, qui a consacré à ce sujet des études consciencieuses, il y a un *christianisme colonial*, qui présente des caractères tout à fait particuliers et différents de celui de l'Europe. Son empreinte essentielle, c'est d'exclure tout nuage mystique pour n'être autre chose qu'une institution sociale, un élément de progrès matériel et civil. Les premiers colons n'ont pas de dogmes ; leur religion est faite pour l'homme et pas pour Dieu. Leur dieu est un dieu citoyen ; c'est l'artisan, l'ouvrier, le législateur, le gendarme, le magistrat de la colonie, qui y est révéré seulement en tant qu'il la sert et lui est utile. L'autorité religieuse impose les lois sociales, de finance et de douane. Dieu, dit Johnson, nous enseigna à ensemencer le sol. Eh bien! ce sont là les traits caractéristiques des dieux de la cité et de la tribu ancienne ; car ici aussi dieu n'est qu'un magistrat, qui veille sur la prospérité matérielle de son peuple et au nom duquel on promulgue les sanctions hygiéniques et civiles. Partant, ces études comparées nous révèlent, bien mieux que les théories abstraites, l'empreinte et la raison d'être de la religion, ou les liens cachés par lesquels elle se rattache à l'ensemble des rapports sociaux.

Et combien la méthode coloniale ne saurait-elle être d'un secours puissant à la science criminelle! Par exemple, j'ai toujours pensé que les expériences de la déportation opposent un démenti victorieux à la théorie lombrosienne du criminel-né. Et vraiment, dès que nous voyons des criminels, qui ont commis en Europe les meurtres les plus atroces, devenir, dans les colonies agricoles des antipodes, des hommes honnêtes et des paisibles citoyens, qui cultivent leurs champs, se forment une famille et parfois reçoivent en dépôt des fortes sommes d'argent sans en abuser, il nous faut bien admettre que la racine du crime, bien plus que dans le crâne de l'homme, gît dans la structure de la société. De même que l'aubépine, transplantée d'une terre sèche dans une grasse, donne, pour chaque épine, une fleur, de même l'homme transplanté d'un milieu dépravé dans un milieu sain et normal laisse tomber d'un coup les penchants vicieux que le milieu précédent avait provoqués et devient normal et vertueux. D'où il faut conclure qu'il n'y aurait qu'à changer foncièrement l'organisation sociale, d'en effacer les flétrissures et les infamies qui la déshonorent, pour voir le crime s'affaiblir et peut-être aussi disparaître. L'étude des colonies ouvre, partant, un champ fécond à la thérapie criminelle et vient dissiper ce fétichisme écœurant, qui résulte, au contraire, logiquement de la théorie du criminel-né poussée à ses dernières conséquences.

Mais l'analyse des colonies n'est pas d'un moindre secours pour l'historien. Aujourd'hui le savant, qui écrit l'histoire des anciens peuples, doit exhumer, au prix d'énormes efforts, les traces d'une vie éteinte depuis bien des siècles et se trouve devoir lutter contre le défaut de données statistiques, l'insuffisance des documents, la difficulté parfois insurmontable de les interpréter. Et c'est à l'insuffisance et à l'ambiguïté des anciens documents que l'on doit la foule des interprétations arbitraires et discordantes, qui se donnent libre carrière dans l'histoire et qui n'ont pas peu contribué à la discréditer chez les juges les plus impartiaux. Or, les colonies apportent un remède providentiel à cet état de choses ; car la reproduction plastique et vivante, qu'elles nous offrent des âges les plus anciens, nous permet d'étudier les institutions et l'organisme social du passé au moyen de la méthode statistique, avec tous les perfectionnements de la recherche positive et toute cette ampleur de données qu'on exige d'une investigation approfondie. Grâce aux colonies, l'historien n'est pas obligé de consacrer ou de borner ses études aux événements des âges reculés, voilés par les brouillards de la légende et moins accessibles aux yeux de l'observateur actuel, parce qu'il trouve tout près de lui des sociétés qui reproduisent le passé avec les couleurs éblouissantes de la vie et de la jeunesse. Comme le dit fort justement sir Henry Maine, la distinction entre le passé et le présent s'efface parfois et souvent le présent c'est le passé. Eh bien! les colonies modernes sont précisément le passé renaissant, l'antiquité contemporaine. Nous ne disons pas par là, il s'en faut, que l'historien doive renoncer à l'étude de l'organisation sociale des anciens peuples, dont il veut traiter *ex professo*; mais il pourra compléter et préciser d'une manière excellente ses recherches rétrospectives par l'étude de ces sociétés nouvelles, qui reflètent et reproduisent avec tant d'éclat les époques ensevelies. De cette manière l'histoire n'est pas exclusivement une paléontologie et devient enfin une physiologie sociale, armée des puissants appareils d'investigation qu'on peut seulement employer dans l'étude de la matière vivante. C'est donc un horizon nouveau que viennent ouvrir à l'histoire les recherches sur les colonies; et je pense que nul historien ne devrait désormais s'engager dans la recherche du passé, si ce n'est armé du précieux instrument de dissection que l'étude des pays nouveaux vient lui apporter.

L'étude des colonies vient encore éclaircir bien des problèmes sociologiques. L'analyse comparée des langues américaines et asiatiques, en démontrant l'étroite affinité qui existe entre elles, vient apporter des preuves très puissantes à l'appui de la thèse, d'après laquelle l'Amérique aurait été colonisée, dans l'âge préglacial, par des peuplades de l'Asie.

Mais voici une autre conséquence bien plus remarquable, qui découle de l'étude des colonies. Quiconque réfléchit un instant sur l'évolution coloniale, doit considérer comme absolument trompeuse la méthode adoptée jusqu'ici par les glottologues, dans leurs louables efforts visant à dresser l'acte de naissance des institutions sociales. On le sait : de ce qu'une institution sociale donnée se trouve désignée d'un même nom par plusieurs langues, issues d'une même souche primitive, les glottologues s'empressent de conclure que cette institution a paru dans l'histoire avant le fractionnement de la race primitive en plusieurs nations séparées ; au contraire, d'après les mêmes savants, chaque institution, qui est diversement dénommée par les groupes sociaux descendus d'une même tige primitive, démontre par là même avoir été ignorée par celle-ci au moment de sa dispersion. — Or, dès que l'on a constaté que les colonies, aux débuts de leur développement, repoussent fatalement les institutions contemporaines de la mère-patrie et en adoptent les institutions primordiales, l'absence de certaines institutions chez les nouvelles agglomérations, tout à l'heure détachées du groupe primitif, ne saurait plus démontrer que ces institutions n'existaient pas au milieu de ce groupe. Car, si même ces institutions existaient chez le groupe originaire au moment de sa dispersion, elles ne purent pas s'acclimater chez les nouvelles sociétés fondées par les émigrants, chez lesquelles durent nécessairement renaître les institutions en vigueur dans la phase la plus ancienne de la mère-patrie. Si, partant, les langues des différents sous-groupes ethniques ont des mots divers pour désigner la même institution, ou le même phénomène social, nous ne pouvons pas y voir une preuve de ce que la race originaire ignorait cette institution, ou ce phénomène ; nous y verrons bien plutôt la démonstration de ce fait, que les sous-groupes, au moment de leur formation, n'ont pas pu accueillir de la mère-patrie une institution appartenant à une phase avancée de l'évolution, ni, partant, le mot correspondant ; d'où il arriva que plus tard, lorsque cette

institution vint enfin s'installer chez le nouveau groupe
ethnique, il dut créer lui-même le mot nécessaire à le
désigner.

Enfin l'étude des colonies me semble être de la plus haute
importance pour la sociologie. Ses résultats, en effet, vont
anéantir de but en blanc tous les systèmes sociologiques, qui
voient dans l'intelligence, ou dans les sentiments, ou dans
leurs différentes applications, le propulseur historique de
l'humanité. Et, vraiment, comment admettre la thèse de
Comte et de Buckle, d'après laquelle les phénomènes sociaux
sont le produit du développement intellectuel; ou la conception hegelienne, que l'histoire est l'explication évolutive de
l'idée; ou la thèse de Marx, que le développement de l'outil
engendre par soi-même la série progressive des formes
sociales; ou celle de M. Kidd, qui voit dans le développement
de l'idée religieuse le moteur du progrès — dès qu'il est
prouvé qu'une nouvelle humanité, nantie de l'héritage intellectuel, religieux, technologique, que cent générations antérieures lui ont transmis, se voit condamnée à réinstituer les
rapports économiques des premiers âges humains, par cela
seul qu'elle vient s'asseoir à côté d'une terre libre, ainsi que
l'humanité primordiale? La civilisation des colonies, s'érigeant
sur les conditions de la nature physique, indépendante des
conditions psychologiques de l'homme, est la négation catégorique de la prétendue dépendance de la civilisation du
développement intellectuel et moral de l'humanité et vient
appuyer d'une façon décisive la conception d'une dépendance
rigide de l'histoire sociale de la nature, d'une grandiose et
mécanique synthèse de l'homme et du monde extérieur.

Et ce ne sont pas là des conclusions purement théoriques;
ce sont des résultats concrets, dont la pratique peut immédiatement profiter. Il est évident, en effet, que si la *causa movens*

de l'histoire gît dans les conditions de la propriété foncière, la réforme sociale ne doit pas commencer par l'homme, mais par la terre. Il n'y a donc pas à prêcher des réformes du caractère, des changements des mœurs, ainsi que le font les docteurs ès réforme sociale; mais il faut agir sur l'organisation de la propriété foncière, la rendre plus démocratique et égalitaire. De cette façon l'histoire des colonies n'éclaire pas seulement l'historien et le sociologue, mais aussi l'homme d'Etat.

Voilà les avantages les plus considérables, que la science peut tirer de l'étude des colonies, voilà le flambeau que le Nouveau-Monde vient apporter aux fouilleurs infatigables des abîmes sociaux. Des usines de New-York et des champs de Dakota il sort une lumière, qui, projetée sur les décombres du moyen-âge, de l'antiquité, de la barbarie primitive, les éclaire d'un soudain éclat, anime leurs formes fossiles, interprète les mystérieux caractères qu'ils portent sur leur dos et leur arrache leur et notre secret. L'Amérique donne la clef de l'énigme historique, que l'Europe recherche en vain depuis des siècles. et le pays qui n'a pas d'histoire, qui n'a presque pas de philosophie. reflète et révèle lumineusement le mystère de l'histoire, de la philosophie universelles.

TROISIÈME LEÇON

Les Types sociaux.

Nous venons de voir que l'évolution sociale s'accomplit à travers une série de formes progressives, incessamment engendrées, développées et décomposées par l'action toute-puissante du mouvement démographique. Or, la constatation d'une loi de développement immanent aux rapports écono-miques et des formes progressives qu'il suscite, nous impose un rude travail, dont la science immobiliste du passé n'avait pas même le soupçon : la classification des formes sociales successives, ou la détermination concrète de leurs affinités et de leurs dissemblances. Cet ordre d'études, tout à fait particu-lières à la science sociale plus moderne, qui a pour objet l'analyse comparée des formes successives de l'organisme économique, peut fort bien se désigner du nom de *mor-phologie sociale*, et c'est à cette étude qu'il nous faut à présent consacrer notre attention.

Tous ceux qui connaissent les énormes difficultés dont la biologie a dû triompher pour parvenir à une classification rationnelle des formes organiques (Darwin a employé huit

années de sa vie rien qu'à classifier les cyrripèdes) ne sauraient
pas s'étonner des longs et laborieux tàtonnements, parmi lesquels a dû se traîner notre science dans son œuvre classifi-
catrice. En effet, ce n'est que naguère que la classification
des formes sociales a atteint une certaine exactitude ; tandis
que les premiers essais de classification sont encore entachés
des vices les plus graves et des plus criantes contradic-
tions.

La plus ancienne parmi ces esquisses de classification a été
proposée par Hildebrand en 1848. D'après cet écrivain, les
formes de l'organisme économique peuvent se réduire à trois :
l'économie naturelle, monétaire et de crédit. Aux débuts des
sociétés humaines règne l'économie naturelle, dans laquelle
chaque homme produit pour sa propre consommation et ne
vend pas ses denrées. Dans une période successive on voit
paraître l'économie monétaire, dans laquelle le producteur ne
consomme pas directement son produit, mais le porte au
marché pour l'échanger contre de l'argent, au moyen duquel
il pourra se procurer les marchandises dont il a besoin. Enfin
surgit l'économie du crédit, dans laquelle le producteur ne
dispose pas seulement de ses propres capitaux, mais aussi de
ceux d'autrui.

Cette division tricotomique, qui, autrefois, eut quelque
fortune, ne résiste pas à la critique. En effet, ce n'est pas vrai
que l'économie sociale procède toujours de la phase naturelle
à la phase monétaire. Au contraire, maintes fois on remarque
l'évolution inverse de l'économie monétaire à l'économie
naturelle. Par exemple, dans les derniers temps de l'empire
romain l'économie monétaire est à son apogée et de vastes cou-
rants métalliques se déversent de l'Italie aux pays de l'Orient
en échange des marchandises asiatiques importées ; mais
déjà sous les derniers empereurs on voit l'économie monétaire

décliner pour faire place aux prestations en nature, jusqu'à
ce que l'or et l'argent soient enfermés dans les cloîtres et
l'économie naturelle s'intronise dans toute l'Europe.

Et d'ailleurs il n'est pas plus vrai que l'économie du crédit
représente la forme la plus progressée de l'évolution économique, car, au contraire, on la trouve très développée chez plusieurs peuples barbares Regardons, par exemple, les colonies.
C'est précisément à leurs débuts, lorsqu'elles sont plongées
dans l'anarchie la plus barbare, qu'elles usent et abusent du
crédit et que le papier-monnaie émis sans règle ni mesure
célèbre impudemment ses orgies transatlantiques. L'histoire du
Massachusetts, de la Pensylvanie, du Canada, de l'Argentine,
le démontrent de la façon la plus éclatante De même, tous les
peuples primitifs ignorent l'usage de la monnaie métallique et
se servent pour les échanges de coquilles, de jetons de bois,
de signes sans valeur. Et aujourd'hui même le crédit célèbre
ses fastes les plus déréglées dans les pays les plus arriérés et
ne règne nulle part aussi absolument qu'en Turquie, où le
marchand vend à crédit ses produits, le soldat ses bras, l'ouvrier son travail, le fonctionnaire ses services, de manière
que l'on peut bien dire que le crédit y est l'âme du système
social et le marque de son empreinte.

Mais en dehors de ces erreurs partielles, une faute bien plus
grave se cache dans ce schéma classificatif, en raison du
caractère superficiel du critère qui l'inspire. En effet, l'organisation de la circulation et de l'échange est un élément tout
à fait extérieur et presqu'à dire ornemental de la constitution
économique, qui ne présente pas de connexion intime avec la
structure de la société. De même qu'on ne peut pas juger de
la santé d'un homme par l'habit qu'il porte, de même on ne
peut pas juger de la structure économique d'une société par
le système de circulation qui y règne, car une même organi-

sation de la circulation peut fort bien se combiner avec les organismes économiques les plus différents. Et, vraiment, nous voyons des Etats régis par les systèmes commerciaux ou monétaires les plus divers, protectionnistes les uns, libre-échangistes les autres, qui toutefois ne diffèrent pas essentiellement dans leur organisation économique; et inversement, on voit la même politique commerciale ou monétaire être adoptée par des peuples, dont le système économique ne saurait être plus divergent. Tant il s'en faut que les rapports de circulation et de commerce soient le fondement de la constitution sociale.

La thèse de Hildebrand a été de nos jours rajeunie et défendue avec un talent remarquable par mon éminent ami M. De Greef, qui voit dans les rapports de circulation les données initales de l'organisme social. Et à cette thèse vient se renouer aussi, si l'on y regarde de près, tout le *comptabilisme social* de M. Solvay, qui vise à réformer la société contemporaine au moyen d'une réforme des instruments de l'échange. Mais si grande que soit mon admiration pour ces penseurs remarquables, les considérations exposées tout à l'heure m'empêchent de partager, sur ce sujet, leurs opinions et leur thèse.

Un système de classification plus récent, et qui a trouvé naguère de nombreux partisans, c'est celui de M. Bücher. Il distingue, avant tout, les formes de l'industrie des formes de l'économie, et réduit les premières à six fondamentales : I. La production domestique, où chaque famille se consacre à la production des denrées et des objets nécessaires à ses membres, sans avoir recours aux échanges. C'est la forme économique dominante aux âges primitifs et aussi dans l'antiquité classique. II. La production pour le consommateur, accomplie avec des outils et des matières premières avancées au producteur par le consommateur lui-même. C'est là une forme d'industrie très répandue dans le monde greco-romain, où il advient souvent que des producteurs libres, ne possé-dant pas les subsistances nécessaires, doivent les emprunter chez les demandeurs de leurs produits. III. Production pour le consommateur avec des outils et des matières premières avancées par le producteur. C'est la forme d'industrie qui règne au moyen-âge, chez les corporations des métiers. IV. Manufacture. Dans celle-ci le capitaliste assemble, dans un même local, les travailleurs, antérieurement dispersés, et leur avance les outils et les matières brutes, de même qu'un salaire préalablement fixé. C'est la forme d'industrie, qui éclôt vers la fin du moyen-âge, au XVIe siècle. V. Industrie capitaliste à domicile. Ici la production est accomplie par des ouvriers dispersés, qui travaillent dans leurs maisons, avec des outils et des matières brutes avancées par le capitaliste. C'est une forme d'industrie essentiellement pathologique et corrosive; mais elle n'en est pas moins adoptée par des raisons exclusivement capitalistes, parce qu'elle exonère l'entrepreneur des frais nécessaires à la construction d'un grand atelier et lui permet de payer des minces salaires. VI. Fabrique. Celle-ci diffère de la manufacture par cela seul qu'elle emploie des machines.

Mais cette classification de Bücher, sans doute plus pro-fonde et supérieure à celle de Hildebrand, ne nous semble pas exempte de critique. En effet, en observant de plus près les catégories qu'on vient de distinguer, nous trouvons que la première (la production domestique) diffère de la troisième (la production pour le consommateur avec des capitaux, propriété du producteur) parce que celle-là produit des valeurs d'usage et celle-ci des valeurs d'échange. D'ailleurs la deuxième forme (la production pour le consommateur avec

des capitaux avancés par celui-ci) se distingue de la cinquième
(l'industrie capitaliste à domicile), parce que dans celle-là le
capital est avancé par le consommateur, dans celle-ci par le
capitaliste. Au fond, toutefois, ce n'est pas là une différence
essentielle, car le consommateur, en tant qu'il avance au producteur le capital nécessaire, n'est pas autre chose qu'un
capitaliste. Donc toute différence entre les deux formes revient
à ceci que dans l'une le capitaliste produit pour la consommation directe, dans l'autre pour l'échange. De manière que
l'on peut dire que la troisième forme c'est la première plus
l'échange, la cinquième c'est la deuxième plus l'échange. Si,
au contraire, nous comparons entr'elles les deuxième, quatrième, cinquième et sixième formes avec la première et la
troisième, nous trouvons que dans celles-là le capital est la
propriété du travailleur, tandis que dans celles-ci il est totalement, ou en partie, avancé par un capitaliste. Enfin, la quatrième forme d'industrie (la manufacture) diffère des formes
antérieures par la division du travail qu'elle institue pour la
première fois ; et la sixième forme diffère des précédentes par
l'emploi des machines. L'on a donc trois critères différents
de classification : l'existence, ou l'absence, de l'échange;
l'association, ou la dissociation, entre le travail et la propriété du capital ; la structure plus ou moins progressée de
l'outil. Or, si le but de toute classification, c'est de réduire
des formes différentes au même dénominateur, évidemment
une méthode de classification, qui puise à trois sources différentes ses critères déterminatifs, ne remplit pas sa tâche et ne
peut être acceptée.

En procédant des formes de l'industrie aux formes de l'économie, M. Bücher distingue celles-ci d'après la longueur du
trajet parcouru par les marchandises pour aller du producteur au consommateur; et de cette manière il distingue l'éco-

nomie de la *maison*, de la *cité* et du *peuple*. Dans la première, qui règne dans l'âge ancien et aux débuts du moyen âge, la famille produit toutes les denrées et les objets manufacturés requis par ses membres, sans avoir de rapports avec d'autres groupes, de manière que le trajet du producteur au consommateur y est nul. Dans la deuxième, qui fleurit au moyen âge le plus avancé, le centre de la vie économique c'est la ville, où s'agitent les industries et les échanges, et partant le trajet du producteur au consommateur y est sensible. Enfin, dans l'économie du peuple, qui est propre à notre temps, le trajet du producteur au consommateur s'élargit extrêmement, car les échanges ne s'accomplissent plus seulement de maison à maison, ni de ville à ville, mais de l'un à l'autre continent.

Or cette classification, plus parfaite à maints égards que celle de Hildebrand, se rattache de même qu'elle aux phénomènes extérieurs de la circulation. Si ce n'est plus l'échange qu'elle choisit comme critère distinctif, c'est toutefois le transport, le trajet de la marchandise du producteur au consommateur. Or, est-ce qu'on peut donner de critère plus extrinsèque et superficiel que celui-ci, ou qui soit plus éloigné de la constitution organique de l'économie? Mais c'est là un critère si superficiel et insignifiant, qu'il assemble sous une même rubrique les formes sociales les plus disparates. Aussi, l'économie de la cité n'est pas le trait distinctif d'une phase sociale déterminée, mais on la retrouve dans les phases et chez les peuples les plus divers, dans la Grèce ancienne de même qu'à Rome et au moyen âge. L'économie du peuple se déploie à Rome sous l'Empire, de même que dans l'Europe et dans l'Amérique de nos jours. Et tout cela nous démontre assez que cette méthode aussi ne saurait pas satisfaire aux exigences d'une classification rationnelle des formes économiques.

La méthode de M. Bücher a été naguère perfectionnée par

un écrivain allemand de talent, M. Werner Sombart. Celui-ci réduit les formes de l'industrie à ces trois fondamentales — *forme individuelle, intermédiaire* et *collective*, qui impliquent une socialisation progressive du travail humain. A cette distinction des formes techniques correspond, d'après M. Sombart, une classification des formes économiques en trois séries fondamentales — économie *individuelle, de transition* et *sociale*, qui présentent un degré croissant de socialisation de la vie économique. — Ce schème classificatif marque certainement un progrès considérable vis-à-vis des classifications antérieures, car il suit un critère unique qui se rattache non plus aux rapports superficiels de la circulation, mais aux facteurs les plus profonds du travail et de la production. Toutefois il n'en est pas moins vrai que le critère adopté par M. Sombart pour distinguer les formes économiques est trop vague et imprécis pour qu'il puisse servir de base à une classification rigoureusement scientifique.

Il nous mènerait trop loin de discuter ici tous les schèmes de classification des formes économiques, qui ont été proposés par les écrivains des diverses écoles — celui de Roscher, par exemple, qui distingue les formes économiques selon qu'il y prévaut la nature (antiquité), le travail (moyen âge) ou le capital (âge moderne), ou celui qui distingue les phases économiques d'après le degré de productivité qu'y atteint le travail humain. Essayons plutôt, puisque les schèmes de classification proposés jusqu'ici ne sauraient nous satisfaire, d'esquisser à notre tour le système de classification qui nous paraît rationnel.

A l'instar des économistes qui m'ont précédé dans cet ordre d'investigations, je distingue avant tout les formes de la technique des formes de l'économie. Les premières peuvent se réduire à trois fondamentales, chez la première desquelles le travail est isolé, chez la deuxième il est associé, chez la troisième il est aidé par la machine. Et comme la machine est une puissante socialisatrice du travail, il nous faut conclure avec M. Sombart que les formes successives de la technique présentent un degré croissant de socialisation du travail humain.

Les formes économiques diffèrent à leur tour d'après le degré plus ou moins élevé, qu'elles impliquent, de consolidation du travail avec la propriété du capital. Et d'après ce critère, on peut distinguer trois formes économiques fondamentales : dans la première le travailleur a la propriété intégrale du capital employé dans l'industrie; dans la deuxième il le possède seulement en partie; dans la troisième il n'en possède pas du tout. En laissant de côté, pour le moment, la deuxième forme, hybride et peu viable, bornons-nous à considérer les deux autres, entre lesquelles le contraste est poignant.

La première forme économique s'institue nécessairement, tant qu'il y a des terres libres. En effet, nous l'avons vu, tant que l'homme dépourvu de capital peut s'installer à son propre compte sur une terre sans valeur, il ne consent jamais à travailler au profit des possesseurs du capital. Partant dans ces conditions ceux-ci sont contraints de faire fructifier leurs épargnes par leurs propres bras, et de cette manière le travail et le capital restent soudés ensemble par une chaîne indestructible.

Mais dès que les terres cultivables par le seul travail sont complètement occupées, le travailleur dépourvu de capital n'a plus le moyen de s'installer à son propre compte et il se voit contraint, pour vivre, de vendre ses bras aux propriétaires de la richesse accumulée. Partant, à ce moment, ceux-ci parviennent à faire fructifier leur capital par le travail d'autrui, et le capital oisif se distingue enfin et s'oppose nettement au travailleur dépourvu de moyens ; autrement dit, il s'institue pour la première fois la dissociation absolue du travail et de la propriété des moyens de production.

Ce sont là les deux formes fondamentales de l'économie humaine ; c'est entr'elles que s'agite le dilemme poignant dans lequel l'humanité se débat, à travers les péripéties de l'histoire. D'un côté l'économie, que j'appelle *indifférenciée*, économie égalitaire, qui exclut toute distinction de classes, tout déséquilibre marquant de fortunes, qui distribue équitablement les produits de la terre et du travail parmi les travailleurs associés. De l'autre côté l'économie, que j'appelle *différenciée* ; économie capitaliste, qui engendre et alimente à l'un de ses pôles la richesse oisive, à l'autre le travail prolétaire et qui maintient et accroît, par le mécanisme de ses lois fatales, les inégalités et les contrastes. Pas d'antithèse plus absolue qu'entre le sort du travailleur dans ces deux formes sociales ; car autant dans la première il est libre, indépendant, arbitre de ses propres destinées, assuré de recevoir une récompense proportionnée à l'intensité et à l'habileté de son travail — autant dans l'autre il est faible, misérable, exposé aux péripéties les plus brusques par le caprice des autres hommes, feuille que le vent entraîne et balaie dans la boue, insecte que le char de la civilisation écrase sous ses roues, sans même susciter d'opposition ou de murmure de la part de la grande collectivité humaine.

Il suffit de comparer le travailleur du moyen âge, à l'époque la plus glorieuse des corporations des métiers, à l'ouvrier de la grande industrie contemporaine, pour remarquer tout le contraste entre les sorts du travailleur qui est nanti des moyens de la production et de celui qui en est dépourvu. Tous les documents historiques qui nous restent de ce moyen âge par trop calomnié, nous parlent du bien-être répandu alors dans les couches les plus infimes de la population, de l'aisance du travailleur, de sa force et de son indomptable fierté. Les ouvriers du moyen âge font bonne chère — *comiendo mucho carne y poco pan*, ainsi qu'un ambassadeur espagnol écrit à son roi; ils travaillent seulement quelques jours par semaine, et quelques heures par jour; ils ont assez de loisir pour cultiver leur esprit, assez de force pour s'organiser en fédérations puissantes, qui s'imposent au prince et parviennent quelquefois à le renverser du trône. Aujourd'hui encore, dans la salle du bourgmestre de l'hôtel de ville de Bruxelles, on voit les portraits des membres des corporations de métiers qui y florissaient au moyen âge. Combien de force dans leurs traits, combien de fierté dans leurs yeux, combien de dignité dans leur mâle et noble maintien? Ce ne sont pas là — il s'en faut — des prolétaires aiguillonnés par la faim, incertains du lendemain, exposés à toutes les flétrissures et à toutes les ignominies de la misère. Ce sont des libres citoyens, qui dans la propriété de leur métier et dans leur travail puisent un bien-être modeste mais assuré, qui ont la confiance de leur propre force et de leurs droits et sont disposés à les défendre contre tout le monde par la parole et les armes. Et dans le grand escalier d'honneur on voit un portrait bien autrement éloquent et symbolique : le chevalier féodal terrassé par un de ces bourgeois travailleurs, qui lui plante sur la poitrine sa lance victorieuse.

Mais si à présent, nous détournons nos regards de ces conditions rétrospectives, pour considérer les ouvriers qui travaillent tout près de nous dans les champs, ou dans les fabriques — combien le contraste est poignant! L'ouvrier, autrefois propriétaire du capital, est aujourd'hui un prolétaire, qui ne possède rien en dehors de ses bras. Celui, qui

4

autrefois s'appropriait la totalité de son produit, doit à présent se contenter d'une très mince partie de la richesse produite par son travail. Tandis qu'alors il jouissait d'un revenu constant et assuré, il est à présent exposé à se voir privé du nécessaire par une stagnation des affaires, ou même par un caprice de son maître. Au lieu de la nourriture de viande, qui lui était habituelle autrefois, il en est réduit à une maigre pitance, où prévalent les céréales, et maintes fois les céréales inférieures. Epuisé par un travail spasmodique, hors de toute possibilité de cultiver son esprit, il est contraint de chercher un oubli de ses peines dans les poisons des gargottes. Bouleversé par tant d'influences adverses, avec la conscience de sa faiblesse vis-à-vis des forces ennemies de l'industrie et du capital, tourmenté par les étroitesses de la mansarde, par les fatigues de la fabrique, par les fluctuations de l'emploi, il se transforme tout à fait aussi dans son extérieur; et c'est de cette manière, qu'à la place de l'artisan fier, libre, joyeux, qui nous salue du fond des anciens portraits, nous ne voyons plus autour de nous que des visages mélancoliques de travailleurs surmenés, des corps chétifs de tuberculeux et des mains tremblantes d'alcoolisés.

Voilà donc où nous a amenés notre civilisation! voilà le superbe résultat de cette évolution technique et sociale, que nous opposons avec orgueil aux ignorances et aux barbaries du passé! Elle ne parvient à amonceler autour d'une minorité d'heureux, tous les trésors de la vie et les charmes de la jouissance, qu'en décomposant le matériel humain qui la crée, en précipitant le travailleur dans toutes les horreurs de l'esclavage et du martyre. Là où elle avait trouvé une nation d'hommes intégraux, experts en les âpretés du travail autant qu'en les charmes de la vie, elle crée deux nations d'hommes fragmentaires, l'une de libres oisifs, l'autre

d'esclaves tourmentés. — Est-ce que Rousseau avait tous
les torts, lorsqu'il reprochait à la civilisation de forger les
chaînes de la servitude éternelle ?

Mais laissons ces considérations mélancoliques pour en
revenir à la classification des formes sociales. Nous venons
de voir que les systèmes sociaux, qui se sont succédé au cours
des siècles, peuvent se ramener à deux types fondamentaux :
d'un côté, les types sociaux à terre libre, caractérisés par la
consolidation personnelle du capital et du travail, ou par le
fait que le travailleur y est propriétaire du capital qu'il
emploie ; de l'autre côté, les types sociaux à terre occupée,
caractérisés par la dissociation personnelle du capital et du
travail, ou par le fait que le travailleur n'y a jamais la
propriété du capital. Mais ces deux types sociaux fondamentaux sont passibles à leur tour de maintes subdistinctions :
car l'économie du premier type peut être *collectiviste, corporativiste* et *coopérativiste*, et celle du deuxième type se diver-
sifie à son tour, selon que le travailleur est *esclave, serf* ou
salarié. Si nous comparons entre elles les trois premières
formes et en faisons autant pour les trois autres, nous
trouvons que chacune d'elles se distingue de la précédente,
parce que le producteur y est assujetti à une coercition moins
sévère ; et c'est là un critère, qui nous rend très aisé de
distinguer ces sous-formes l'une de l'autre et de les encadrer
dans une classification rigoureusement scientifique.

Jusqu'ici nous n'avons considéré que les deux formes
antagoniques de la constitution sociale, en négligeant cette
forme intermédiaire, où le travail a la propriété partielle du
capital. Disons à présent que c'est là une forme hybride, qui
ne remplit jamais à elle seule toute une époque de l'histoire,
mais occupe un coin délaissé et secondaire du territoire économique. On la trouve d'ailleurs aux époques les plus diffé-

rentes de l'évolution sociale. Elle nous apparaît dans les formes économiques indifférenciées, dans l'économie communiste, par exemple, dès que la terre ou le capital ne sont plus partagés en raison égale parmi les producteurs, de manière qu'une partie de ceux-ci doit prêter un travail supplémentaire au profit des communistes les plus aisés. Nous en avons un exemple remarquable dans le labourage coopératif, pratiqué dans le pays de Galles ancien et que M. Seebohm nous a si bien décrit. Là, en effet, les communistes contribuaient dans une proportion différente à fournir la charrue et les bœufs requis pour les travaux agricoles, et ceux qui y contribuaient dans une moindre proportion devaient travailler au profit des autres. Un autre exemple de cette même forme hybride nous est donné par l'économie corporativiste parvenue à son déclin, dans laquelle les compagnons moins aisés doivent laisser la plus grande partie du produit collectif aux maîtres de l'industrie; et aussi par les sociétés coopératives de nos jours, où le capital n'est jamais partagé également parmi les associés, de manière qu'il vient toujours se former dans leur sein deux groupes, des travailleurs et des oisifs. Mais cette organisation hybride ne se produit pas avec des manifestations moins marquantes dans les formes sociales différenciées. Elle nous apparaît, dans l'esclavage, dès que l'esclave peut accumuler un pécule, qui lui permet de fonder une petite industrie, dont les profits reviendront dans la presque totalité à son maître. Elle se reproduit dans l'économie du moyen âge, où le serf possède en partie la terre et le capital, mais doit à son maître une portion plus ou moins considérable du produit. Elle se développe enfin sous nos yeux, sous les formes du petit fermage, ou du métayage, ou de l'industrie en chambre, dans lesquelles le travailleur possède seulement un fragment du capital total et s'approprie une partie, d'ailleurs très faible, des profits de l'industrie.

Les diverses formes économiques peuvent se combiner à leur tour avec les formes les plus diverses de la technique. Par exemple, dans l'économie communiste, il se peut que chaque associé accomplisse tous les travaux nécessaires à la production, ou bien qu'il en accomplisse seulement un fragment; il se peut qu'il travaille avec l'outil le plus simple, ou bien avec la machine la plus complexe; autrement dit, le travail y peut être isolé, associé, ou aidé par la machine. Et on peut en dire autant de toute autre forme économique, indifférenciée ou différenciée. Toutefois il ne faut pas oublier une considération, qui est fondamentale à ce sujet. Toute forme économique peut certainement se combiner *in abstracto* avec toute forme de la technique; mais *in concreto* cela n'est plus du tout vrai, car il y a des formes économiques qui, par leur structure particulière, ou par les limites organiques qu'elles imposent aux forces productives, opposent un obstacle infranchissable à l'application des formes techniques les plus parfaites. Ainsi, par exemple, l'économie esclavagiste et servile, par là même qu'elle écrase le travailleur sous un joug de fer, lui ôte toute aptitude à accomplir un travail spécialisé, ou à employer des machines et rend par là même impossible la division du travail et l'adoption de l'industrie mécanique. Et on peut en dire autant de l'économie corporativiste, qui, par la coercition persistante exercée sur le travailleur, amène en définitive le même résultat. Mais ce même fait se répète pour toutes ces formes hybrides, dans lesquelles le travailleur a la propriété d'une partie seulement du capital; car les entraves constitutionnelles, propres à ces formes inférieures, y rendent parfois impossible la division du travail, ou l'emploi des machines. Nous en avons un exemple saisissant dans l'industrie en chambre; car les travailleurs,

que ce système économique disperse dans les habitations
et prive de toute manière de confort et de bien-être, se
trouvent par là même dans l'impossibilité d'associer leurs
travaux ou d'employer l'outillage automatique. Et on en doit
dire autant de l'esclave petit-patron, du métayer, du petit
fermier, etc. D'où l'on voit que la division du travail et la
machine, qui pourraient abstraitement fonctionner dans les
formes économiques les plus différentes, ne peuvent effectivement se développer si ce n'est dans le milieu du salariat ou de
la coopération.

Ainsi donc les formes sociales se réduisent à deux
fondamentales, dans l'une desquelles le travailleur a la
propriété intégrale du capital, tandis que, dans l'autre, il en
est tout à fait dépourvu. La première se transforme dans le
cours des siècles, elle est collectiviste au début, puis corporativiste et enfin coopérative ; tandis que la deuxième procède
de l'esclavage à la servitude et enfin au salariat. Mais à côté
de ces deux formes fondamentales, il y a une forme hybride,
dans laquelle le travailleur a la propriété d'un fragment
seulement du capital ; forme hybride, qui végète plus ou
moins misérablement aux divers âges de l'histoire, à côté de
la forme fondamentale qui y prévaut et qui seule marque de
son empreinte la vie de la société. Enfin toutes ces formes
économiques, dans la mesure compatible avec les bornes
imposées par leur structure organique, peuvent fort bien se
combiner avec les formes les plus différentes de la technique,
avec le travail isolé, associé, ou pourvu de machines.

Mais à côté des formes de l'économie sociale, que nous venons
d'esquisser, il y a l'économie individuelle du petit patron, qui
fait fructifier sa terre ou produire son outil au moyen de
son travail et de son capital. Toutefois cette forme économique, au lieu de remplir de soi-même une époque entière de

l'histoire, ne s'empare de la production qu'aux moments de décomposition sociale, où la forme économique, indifférenciée ou bien différenciée, dominante jusqu'ici, se désagrège et s'écroule. Elle se blottit dans les pores des sociétés les plus différentes, communiste ou esclavagiste, corporative ou servile, au moment de leur déclin et de leur mort, et en recueille l'héritage pour le transmettre aux formes économiques supérieures, que l'évolution ne tardera pas à engendrer. Elle a donc une valeur purement transitoire dans le processus de l'histoire; elle n'est qu'un tableau se dissolvant dans le panorama de l'évolution sociologique. De manière qu'on peut dire, en concluant, qu'à côté des formes économiques fondamentales, dans lesquelles le travail possède la propriété du capital ou ne la possède pas, et des formes subsidiaires, dans lesquelles le travail a la propriété fragmentaire du capital, il y a une forme économique exceptionnelle, où le travail isolé fait fructifier son propre capital et sa terre; forme résolutive, qui éclot sur le tombeau des formes sociales historiques et y fleurit, jusqu'au moment où elle vient à être remplacée à son tour, et pendant une longue époque, par une forme supérieure d'organisation associative des travailleurs.

Et toutefois, si l'étude des structures sociales, qui se sont succédé jusqu'à ce jour, peut nous permettre de jeter un regard prophétique sur les formes économiques de l'avenir — nous n'hésitons pas à affirmer que cette dernière forme économique, dont nous venons de parler, si confinée qu'elle ait été jusqu'ici dans une place tout à fait exceptionnelle et fugitive dans l'évolution de l'histoire, est appelée — après qu'elle aura subi des perfectionnements radicaux et se sera fortifiée au moyen de l'association — à jouer un rôle prépondérant dans l'organisation sociale de l'humanité future. C'est elle, en effet, qui doit recueillir un jour l'héritage de nos formes économiques déséquilibrées et hérissées de conflits et d'angoisses; c'est elle qui seule pourra donner à nos sociétés tourmentées cette stabilité, à laquelle elles aspirent ardemment; c'est elle enfin qui pourra ériger sur les décombres de l'édifice de pillages et de crimes, que les siècles ont entassés, le temple éternellement étincelant de la fraternité, du bien-être et de la paix.

———

QUATRIÈME LEÇON

Le Type social contemporain.

Chez toutes les nations, qui se développent sous nos yeux dans le monde civilisé, on peut constater une même division fondamentale de la population en deux fragments nettement distingués. D'un côté, en effet, il y a une faible minorité qui possède la terre, les moyens de production et une masse énorme de moyens de jouissance ; de l'autre côté il y a une foule anonyme d'individus absolument dépourvus de moyens. qui sont contraints d'offrir leurs bras aux possesseurs des capitaux et à travailler sous leur direction. Ce sont là les deux éléments complémentaires, les deux pôles de la propriété contemporaine ; c'est entre ces deux pôles qu'elle se développe et se meut.

Or, le premier problème qui se pose à cet égard, concerne l'origine de cette scission fondamentale. Sous quelqu'aspect, en effet, que l'on envisage ce fait préliminaire de notre monde économique, soit-on disposé à y voir une source de salut et de fortune ou bien d'horreurs et d'infamies — une chose en tous cas est acquise à l'observation la plus élémentaire — qu'il n'est pas né en même temps que l'humanité, que ce n'est pas là quelque chose d'inséparable de notre nature matérielle et morale. La nature, vraiment, n'a pas créé d'un côté des millionnaires et de l'autre des prolétaires ; ou, suivant le mot de Voltaire, d'un côté des hommes avec la selle sur le dos, de l'autre des hommes avec les éperons aux pieds. Evidemment cette scission doit être le produit de quelque fait historique, qui a arraché violemment les moyens de la production à la plus grande partie de l'humanité pour les concentrer chez l'autre et plus faible partie ; qui a entassé, d'une part, le surcroît de bonheur, de l'autre, la misère et la gêne.

Le pôle, pour ainsi dire, négatif de la propriété capitaliste contemporaine, c'est-à-dire la création d'immenses essaims prolétaires, contraints de vendre leur travail en échange d'une pitance misérable, s'est formé à la suite d'un procès, qui a atteint une importance historique dans l'évolution de la propriété territoriale. En effet, tous les pays civilisés, aux débuts de l'âge moderne, ont été le théâtre d'une expropriation plus ou moins violente des petits propriétaires ou des libres cultivateurs ; et partout on a vu ces malheureux pourchassés brutalement des terres, qu'ils possédaient par un droit séculaire, et transformés en prolétaires. Or, parmi ces victimes de la grande révolution agraire, il y en eut qui moururent tout bonnement de faim ou périrent dans les luttes acharnées contre les expropriateurs. Mais la plus grande partie de ces pourchassés, ne pouvant pas s'installer sur des terres disponibles, car il n'y avait plus de terrains libres cultivables par le seul travail, durent émigrer dans les villes, où ils vinrent offrir leurs bras aux possesseurs de la richesse accumulée et de cette manière apporter le contingent d'hommes nécessaire à l'industrie qui allait surgir.

Il n'est pas autant aisé de poursuivre à sa source le pôle,

qu'on pourrait appeler positif, de la propriété contemporaine, de dévoiler, en d'autres mots, les plus anciennes origines de la richesse amassée chez les propriétaires. Il va de soi
que les expropriés immigrés dans les villes, et étant dépourvus
de tous moyens, n'auraient pas pu y trouver un emploi
durable, s'il n'y eût pas existé une accumulation préalable de
richesses, prêtes à s'engager dans l'industrie. Mais de quelle
manière s'étaient-elles formées dans les villes ces accumulations de richesses ? Pourquoi y existaient-elles ?

On dispute à ce sujet, depuis longtemps, entre les économistes et les historiens. D'après Marx, on le sait, la richesse
capitaliste a ses sources impures dans l'usure et les spolia-
tions coloniales. Mais si cela est vrai pour une partie des
accumulations capitalistes, surtout en France et en Angleterre, on ne saurait en dire autant de celles qui se sont formées en Allemagne et en Italie.

M. Sombart, à son tour, trouve que la richesse capitaliste
n'était à ses origines que de la rente foncière accumulée; autrement dit, que la rente foncière a engendré la propriété capitaliste. Mais voilà encore une thèse exagérée, qui peut bien
nous dévoiler l'une des sources de la richesse capitaliste,
mais qui ne saurait pas l'expliquer dans son intégrité. Et
vraiment M. Strieder vient de prouver dans un ouvrage très
documenté que les fondateurs les plus marquants des maisons
capitalistes de l'Allemagne n'étaient pas des propriétaires de
terres, mais des artisans et des commerçants. Le vrai, c'est
que le métier du moyen-âge, le commerce déjà développé, la
thésaurisation et plus que tout l'usure, sévissant terrible-
ment à cette époque, devait contribuer à agglomérer chez les
classes moyennes une richesse parfois très considérable. Eh
bien, cette richesse des villes, formée de la rente agricole et
urbaine, des bénéfices de l'industrie, du commerce et de l'usure,

cette richesse qui aspirait avidement à cueillir un profit et ne parvenait pas à le moissonner dans les champs clos de l'industrie corporativiste, se jeta avec fureur sur les foules prolétaires immigrées et les embrigada dans l'industrie. De cette manière, en même temps que la révolution agricole créait l'offre du travail salarié, les accumulations séculaires des habitants des villes en créaient la demande ; les deux pôles de la propriété capitaliste germaient partant ensemble de la terre et l'on posait les bases essentielles de la constitution moderne des sociétés.

Mais cette propriété capitaliste, qui à présent défie fièrement l'œuvre des siècles, n'était à ses origines qu'une forme frêle et délicate, menacée de toute part par une coalition d'influences adversaires. La menace essentielle à l'organisation économique naissante découlait de la présence des terres libres, qui n'étaient plus, c'est bien vrai, cultivables par le seul travail, mais qu'on pouvait fort bien mettre en culture au moyen d'un capital très limité. Dans ces conditions, en effet, l'ouvrier, qui faisait quelques épargnes sur son salaire, se mettait bientôt à même de cultiver pour son propre compte une terre, en privant le capitaliste de ses manouvriers et de ses profits. Donc, dans ces conditions, la propriété capitaliste ne pouvait pas durer, si ce n'est à la condition que l'on ôtât à l'ouvrier toute possibilité d'épargner; autrement dit, il fallait à tout prix réduire le salaire au *minimum* nécessaire à la subsistance du travailleur.

Eh bien, toute l'histoire de la propriété moderne, au cours des trois premiers siècles de sa vie, se résout précisément dans une série de procédés, visant à réduire au *minimum* le taux des salaires, par des lois d'état ou par des *ukases* d'entrepreneurs. Ce n'est pas seulement au moyen d'une réduction directe et brutale des salaires que l'on parvient au but, mais

bien plus souvent par des moyens plus sournois et plus dé-
tournés. L'érosion systématique des monnaies, la spéculation
minéraire effrénée, les prêts des banques à l'Etat et l'émission
de papier-monnaie parviennent à déprécier la monnaie ; ce
qui — le salaire en argent restant constant — revient à
la réduction du salaire réel. En agrégeant à l'industrie les
femmes et les enfants, on crée une concurrence écrasante aux
mâles adultes, dont la force de travail vient partout baisser de
prix en proportion. En prolongeant cruellement la journée du
travail, on engendre cette dégradation du niveau moral des
travailleurs, qui est le propulseur inconscient de leur procréation effrénée; et celle-ci, en accroissant leur nombre, fait baisser ultérieurement les salaires. Si tout cela ne suffit pas, l'on
remplace l'ouvrier par la machine, et de cette manière, en
jetant sur le pavé une partie des travailleurs, on fait baisser le
salaire des ouvriers engagés. Si ces méthodes n'atteignent pas
complètement le but, on embauche des travailleurs étrangers
mal payés, ou bien des travailleurs de l'industrie à domicile,
ou bien on supplante le travailleur jeune et vigoureux par le
vieux et l'invalide. Enfin, en transformant une partie du capital productif en capital improductif, en donnant l'essor à la
spéculation de banque et de bourse, l'on soustrait, et cette fois
irrévocablement, du capital au fond des salaires et l'on parvient à faire baisser définitivement leur niveau.

Mais avec les progrès de la population et de l'occupation
du territoire, vient le moment où il n'y a plus de terres
disponibles et où partant le travailleur, qui possède des
épargnes, ne parvient pas à s'installer à son propre compte sur
une terre Eh bien, à ce moment un salaire excédant aussi le
minimum n'implique plus de menace à la persistance du
profit, et partant, le capitaliste n'a plus d'intérêt pressant à
faire baisser les salaires. Au contraire, il a tout intérêt à

maintenir le salaire à un niveau quelque peu élevé; car les hauts salaires, en stimulant l'énergie du travailleur, en viennent en définitive à accroître le produit total et par là le revenu même du capital. Partant, à ce moment, la constitution économique vient radicalement à changer; l'économie des salaires misérables, dominante jusqu'ici, est remplacée par l'économie des hauts salaires, qui donne une empreinte tout à fait nouvelle et supérieure à la structure des rapports sociaux et signe une étape ultérieure dans la marche ascensionnelle de la civilisation. Élévation du niveau matériel et moral des travailleurs, amélioration des conditions hygiéniques du travail, décroissance de leur fécondité, leur abstention croissante des mouvements insurrectionnels et des agitations séditieuses, leur participation croissante et éclairée aux débats politiques et intellectuels — voilà les traits les plus marquants de la nouvelle phase sociale, qui vient d'éclore et qui désormais s'intronise triomphalement chez tous les peuples civilisés.

Toutefois, si l'élévation des salaires devait atteindre de telles proportions, que l'ouvrier pût acheter, au moyen de ses épargnes, un lot de terre suffisant pour lui assurer l'indépendance économique, elle viendrait compromettre encore une fois la vitalité des rapports capitalistes; car en ce cas le travailleur se hâterait d'abandonner le capitaliste, en le privant de tout profit. Mais on peut fort bien éviter ce fâcheux dénouement, en élevant la valeur du sol, de manière que le lot de terre cultivable par le travail d'un ouvrier ait toujours un prix supérieur au montant de ses épargnes. Et c'est bien à ce but que vise la classe capitaliste dans cette phase plus civilisée de son existence; et elle l'atteint au moyen d'une série de procès, tels que la spéculation sur les terres, la réduction systématique du taux de l'intérêt, l'accroissement de la valeur de la monnaie, etc. Si partant dans la première phase, que j'appelle *systématique*, l'économie du salaire pourvoie à sa propre persistance au moyen d'une action contre les personnes, ou de la réduction du taux des salaires; dans la deuxième phase, que j'appelle *automatique*, elle parvient au même but au moyen d'une action sur les choses, opérant sur la valeur de l'élément naturel de la production.

A grandes lignes, on peut affirmer que l'économie systématique se développe pendant une période de quatre siècles, de la moitié du XVe jusqu'à la moitié du XIXe siècle ; car c'est à cette dernière époque, qu'on voit poindre cette élévation des salaires, qui est le point de départ de l'économie automatique. Mais il y a bien des pays arriérés, où l'économie systématique s'attarde plus longtemps. et le salaire reste toujours au niveau des subsistances nécessaires. Parmi ces pays attardés, il nous faut ranger malheureusement l'Italie, surtout l'Italie du centre et du midi, dans laquelle, à la suite du salaire minimum, on voit persister ces traits inférieurs, qui sont le cachet douloureux des formes sociales arriérées. En effet, tandis que chez les peuples civilisés, où le salaire est déjà élevé, le mouvement ouvrier se développe dans l'ornière des discussions pacifiques et des calmes arbitrages, en Italie il éclate en débordements insensés des masses échevelées et frénétiques. Et nous venons d'en faire un essai douloureux dans ces sombres jours de septembre 1904, où la sottise de la grève générale a été renforcée et envenimée par tous les emportements de la violence et du crime. Ce fut un enfantillage lugubre, qui suffirait à lui seul à nous prouver que nous vivons toujours dans une phase arriérée de l'histoire, que nous sommes bien les contemporains intellectuels de notre âge, mais les contemporains effectifs des âges ensevelis.

Au fur et à mesure que s'accroît l'accumulation et par là

le taux des salaires, doit aussi corrélativement s'accroître la surévaluation de la terre, qui fonctionne pour rendre celle-ci inaccessible aux épargnes des travailleurs. Et comme toute surévaluation de la terre impose une réduction préalable du taux des profits, l'on voit qu'il est impliqué dans l'évolution du système économique contemporain une décroissance progressive de la rémunération du capital. C'est là d'ailleurs un fait qui nous apparaît tous les jours par les preuves les plus éclatantes. Le capital s'efforce, à vrai dire, de lutter, par tous les moyens dont il dispose, contre cette pente fatale de son revenu; et il y parvient, pendant quelque temps, soit en déprimant le coût du travail, soit en accroissant sa productivité. Parfois il réduit les salaires; mais comme cette méthode lui est rendue souvent impossible par la résistance des travailleurs, et que d'ailleurs elle a une influence délétère sur l'intensité du travail et le progrès de la production, l'on a recours à d'autres méthodes, telles que le remplacement des travailleurs mâles par les femmes et les enfants, ou la prolongation de la journée de travail, ou l'emploi des machines. De cette manière on voit renaître, dans la phase automatique du salariat, bien des procédés déjà pratiqués dans sa forme systématique; mais ils renaissent avec une empreinte et dans un but tout à fait différents, — parce qu'ils ne visent plus à la réduction des salaires, mais bien à l'élévation du taux des profits, ou à réagir contre sa baisse.

Mais si grande que soit l'influence de ces méthodes à ralentir la décroissance du taux des profits, elle ne parvient pas toutefois à l'empêcher. Au contraire, malgré les artifices les plus ingénieux et compliqués, mis en œuvre par le capital, la décroissance du taux des profits se manifeste avec une régularité fatale; et on voit les entreprises capitalistes douées d'automatismes tout-puissants donner des revenus toujours plus

misérables. De là naît cette gêne, qui s'appesantit désormais
sur le capital et à laquelle il s'efforce vainement d'échapper
par des moyens autant inefficaces que nuisibles. Il commence
par pratiquer des réductions désastreuses dans les dépenses
nécessaires à la production, réductions qui rongent à leurs
racines les entreprises industrielles. La diminution générale de
la production, qui en est la conséquence, ne fait qu'accroître
ultérieurement le malaise du capital. Alors il s'efforce de
remédier au mal, en s'adonnant à la spéculation sur les
produits, ou en se lançant dans des productions irrationnelles
ou hasardées, qui ne répondent pas aux besoins réels des consommateurs ; et de cette manière, en déversant sur le marché
des produits dont personne ne veut, il engendre, ou accroît,
l'excès de l'offre, la stagnation des affaires et la crise. Enfin,
pour remédier à ces sinistres, le capital cherche à s'emparer du
monopole du marché national au moyen du protectionnisme
et des *trusts*. Mais tous ces moyens ne parviennent pas du
tout à éliminer, ni même à enrayer les forces fatales qui
grèvent chaque jour plus cruellement le capital ; et c'est
l'action implacable de ces forces, qui donne lieu à cet état de
malaise chronique qui caractérise si sombrement notre
époque, et que les économistes ont désigné du nom de
dépression industrielle. Désormais la défiance et l'écœure-
ment, la stagnation des affaires, le dépérissement de l'industrie, la clôture de maintes fabriques, l'exploitation partielle
des autres, bref l'anémie économique incurable, annoncent
partout l'éclosion d'un âge glacial, l'apparition, dans toute sa
majestueuse horreur, de la crise éternelle.

Un fait vraiment étonnant, c'est que des phénomènes tout
à fait semblables venaient se produire, il y a deux mille ans,
au milieu de l'économie esclavagiste. En effet, l'économie de
l'esclavage ne peut pas durer, si ce n'est à la condition que

l'esclave ne parvienne pas à s'affranchir ; et pour réaliser cette
condition, il faut que la valeur de l'esclave excède d'une
quantité quelconque le montant de son pécule. Or, ce résultat
peut s'atteindre de deux manières ; en réduisant le pécule de
l'esclave, ou en élevant son prix. Aux époques de décadence
et de crise, on a recours à la première méthode ; aux âges de
prospérité générale, au contraire, c'est la deuxième méthode
qui prévaut. Donc, si l'économie du salaire, parvenue à son
apogée, persiste au moyen de la surévaluation de la terre,
l'économie esclavagiste plus développée persiste au moyen de
la surévaluation de l'homme.

Or, cette désagrégation de l'économie capitaliste, qui se
produit aujourd'hui par les influences de la surévaluation de
la terre, se produit de même, dans la phase extrême de l'économie esclavagiste, par les sinistres influences de la surévaluation de l'homme. De même que le capital de nos jours, le
capital ancien s'efforce de lutter par bien des moyens contre
la décroissance de ses revenus ; mais il ne parvient pas à en
arrêter la marche fatale, qui grève chaque jour plus terrible-
ment son organisme affaibli. De là un malaise chronique de
l'industrie, seulement interrompu, ou envenimé, par la
création d'entreprises irrationnelles, et par les écarts insensés
de la production. De là ces *agri deserti*, l'agriculture infé-
conde et épuisante, l'abandon des mines et des terres, enfin
tous ces signes de dépérissement et de mort qui se manifestent sur une 'échelle démesurée au déclin de la civilisation
payenne et qui préparent, avec une influence irrésistible, la
ruine de la civilisation classique.

En effet, au fur et à mesure que s'accroissent le malaise
et le déséquilibre chez les potentats du capital, s'accroît le
nombre de ceux qui sont contraints de vendre leurs esclaves,
tandis que diminue le montant du capital, qui peut s'em-

ployer à les acheter. Or ces deux influences aboutissent fatalement à une réduction progressive du prix des esclaves ; et le moment vient enfin où ce prix devient inférieur au montant de leur pécule. Mais dès que ce résultat se produit, l'esclave s'affranchit immédiatement, et l'économie de l'esclavage s'effondre, pour être remplacée par une forme nouvelle et supérieure d'organisation économique.

Eh bien, si le procès automatique de surévaluation de l'homme, qui est à la base de l'économie ancienne, a été enfin le fossoyeur de sa propre créature, est-ce que le procès automatique de surévaluation de la terre, qui est à la base de l'économie actuelle, ne devra pas aboutir au même résultat ? Est-ce que cette dépression économique, qui afflige l'Europe contemporaine, de même que l'Europe payenne, ne parviendra pas, de même qu'alors, à la destruction fatale de l'organisation économique existante ? C'est là une question que la science ne peut pas résoudre, mais que tout esprit pénétrant doit bien se poser. Et si rétifs que nous soyons aux prophéties hasardées, ou aux visions apocalyptiques, il nous faut bien constater la présence, au milieu de l'organisme économique actuel, d'un procès implacablement destructeur, qui a déjà déployé son action corrosive sur l'humanité d'autres siècles et en a provoqué la dissolution. Le vautour, qui a rongé la société ancienne et en a fait enfin un cadavre, est reparu chez nous et y a commencé son œuvre de mort ; déjà, on entend craquer sous sa morsure, l'édifice, autrefois si solide, de nos destinées ; et nous en sommes à nous demander avec effroi, où aboutira donc son œuvre fatale et si nos vieilles sociétés n'iront pas, à l'instar de toutes celles qui les ont précédées, se précipiter sous ses coups dans l'ombre et dans le silence éternels.

CINQUIÈME LEÇON

La Population.

Les considérations, que nous avons développées dans notre première conférence, nous ont appris que l'élément générateur de la constitution économique, le propulseur de son évolution progressive, c'est la population. Il nous faut partant consacrer une étude spéciale à ce sujet fondamental ; ce qui est d'autant plus nécessaire, que les querelles philosophiques à cet égard ne sont rien moins qu'apaisées, et qu'il règne toujours là-dessus la plus grande anarchie de vues et de conclusions. En effet, personne n'ignore que la théorie de Malthus, saluée d'abord par des cris d'enthousiasme, et couverte plus tard de honnissements envenimés, est de nos jours encore l'objet d'études, de discussions et d'attaques passionnées, qui n'ont encore abouti à aucun jugement définitif sur cette grande controverse.

Le nombre des êtres qui peuvent exister à la fois — telle est la thèse bien connue du pasteur de Haileybury — est rigoureusement limité par la somme des vivres disponibles ; de sorte que si, à un moment donné, il n'y avait de pain que pour cent personnes et qu'une cent et unième vînt à naître, elle serait condamnée à mourir de faim. Mais ce déséquilibre entre la population et les aliments, bien loin d'être un phénomène fortuit et hypothétique, est un fait qui se produit constamment dans la vie. En effet, tandis que la somme des vivres disponibles n'augmente que très lentement, par suite de la productivité décroissante des terres successivement cultivées, ou des capitaux successivement employés, la population se développe sans frein, grâce à un instinct qui agit irrésistiblement chez tous les êtres organisés. Par là, l'augmentation des vivres suit tout au plus une progression arithmétique, tandis que celle de la population suit une progression géométrique. Or, de cette disproportion entre l'accroissement limité de la production agraire et l'accroissement illimité du nombre des hommes, il résulte un excédent chronique de bouches à nourrir. Une partie des êtres, qui viennent au monde, ne trouvant pas de place au banquet de la vie, est condamnée à la faim et à la mort; et cette loi naturelle est la cause première de la pauvreté, de l'inégale répartition des richesses, du déséquilibre social. Ce déséquilibre n'est donc pas, ainsi que le proclament les écrivains radicaux, le résultat des institutions humaines, de la création des privilèges, de l'existence de la propriété; c'est un phénomène naturel et éternel, une conséquence des volontés divines devant lesquelles l'homme ne peut que s'incliner,... à moins qu'il ne se résolve, héroïquement, à couper le mal à sa racine, en s'abstenant de la procréation, en se condamnant au célibat et à la chasteté.

On conçoit aisément l'accueil enthousiaste fait à cette doctrine par les riches propriétaires, à qui elle venait apporter un appui précieux et inespéré. En effet, si le contraste poignant entre leur opulence et la misère des masses souffrantes avait pu éveiller en eux quelque scrupule ou quelque remords confus, la nouvelle théorie venait dissiper ces ombres et supprimer toute responsabilité des riches dans le fait du paupérisme, qu'elle proclamait éternellement nécessaire et inexorablement imposé par les lois naturelles et divines. Malthus leur défendait même la recherche de moyens capables d'atténuer les souffrances des pauvres et arrêtait leur main secourable au moment où un élan généreux ou un inavouable frisson de peur leur aurait arraché une aumône. Faire la charité ! s'écriait le pasteur économiste ; mais c'est absurde ! Dès qu'il peut compter sur l'obole du riche, le pauvre rejette les derniers scrupules, qui le détournaient du mariage ou de la procréation ; et de cette manière l'excédent de la population s'accroît, et la misère augmente. Ainsi, plus d'associations philanthropiques et d'organisations ou de prescriptions légales, visant à élever les salaires ; car élever le salaire, c'est pousser l'ouvrier au mariage et à la procréation, c'est agrandir le fléau de la surabondance de bouches à nourrir. Les institutions qui parviennent à répandre le bien-être parmi le peuple, qui en améliorent le sort, sont, en somme, nuisibles et condamnables, car elles aboutissent à rendre plus dangereux et plus vaste l'excédent de population. Les ouvriers ne doivent pas attendre des autres hommes un adoucissement de leur destinée ; ils peuvent l'obtenir sans l'aide d'autrui, et éviter la pauvreté, seulement *en émoussant les flèches de Cupidon*, d'après le mot de Townsend, autre pasteur anglais, aussi versé que Malthus dans la science de la population ; c'est là le salut de l'ouvrier. Quoi d'étonnant, si une doctrine pareille a été acclamée par les riches et furieusement attaquée par les pauvres et par leurs prophètes ?

Mais, dans l'examen d'une théorie, la science ne peut pas tenir compte de ses conséquences plus ou moins avantageuses à telle ou telle classe sociale. N'ayant d'autres intérêts à défendre que l'intérêt suprême de la vérité, elle ne peut juger le malthusianisme d'après ses applications pratiques, ni d'après les intérêts que ces applications favorisent ou entravent; et elle doit se borner à rechercher exclusivement si cette théorie correspond ou ne correspond pas à la réalité des faits. C'est là le seul objet de la recherche scientifique sur cette question.

Or la science ne tarde pas à constater dans la formule de Malthus une erreur très grave de calcul. Déjà en 1858, Messedaglia remarquait que les deux progressions, des subsistances et de la population, ne peuvent pas marcher séparées l'une de l'autre, mais que, au contraire, la deuxième est rigoureusement limitée et contenue par la première. En effet, étant donné la progression des subsistances, 2, 3, 4, 5... et la progression de la population 2, 4, 8..., il est évident que le deuxième terme 4 se trouve tout de suite réduit à 3, par la limite même des subsistances, qui provoque la mort des excessifs; donc le doublement successif de la population ne saurait se rapporter qu'à ce chiffre de 3 et partant ne saurait augmenter la population, dans la période suivante, que jusqu'au chiffre de 6. Cette population de 6, en venant se heurter contre une masse de subsistances de 4, se trouve réduite à 4, et, en se doublant à son tour, élève dans la période suivante la population au chiffre de 8. De cette manière la progression réelle de la population n'est pas, ainsi que Malthus l'affirme, 2, 4, 8, 16, 32, etc., mais bien 2, 4, 6, 8, 10... Autrement dit, la progression de la population n'est pas une progression géométrique, mais bien une progression arithmétique, ayant une raison double de celle des subsistances. D'où il dérive que l'écart entre les deux progressions, et partant le nombre des individus condamnés à mourir par le manque des vivres, est bien moindre que celui qui résulte de la formule malthusienne.

Dans tout cela il n'est question — on le voit — que d'une correction tout à fait quantitative, qui n'entache pas dans son essence la théorie que nous discutons. D'autres corrections qui ont été proposées, présentent au contraire un caractère bien plus ambitieux et visent à saper le dogme à sa base. Telle est, par exemple, celle de Say, que la population n'est pas limitée par les moyens de subsistance, mais par les moyens d'existence; ou celle de Sismondi, d'après laquelle la population est limitée par le revenu national. Mais ce sont là des corrections tout à fait erronées; car la vraie limite à l'accroissement de la population est imposée par la masse des vivres disponibles; et dès que celle-ci est insuffisante, une part de la population est condamnée à mourir, si grande que soit d'ailleurs la masse des produits d'agrément qui se trouvent sur le marché, ou le chiffre du revenu global de la société.

Mais, à côté de ces corrections partielles, il y a des théories qui visent tout bonnement à renverser la thèse de Malthus, et qui peuvent se classer sous quatre groupes différents : ce sont les théories des naturalistes, des statisticiens, des optimistes et des socialistes.

I. — *Naturalistes*. — Je désigne sous ce nom un groupe de théories, qui nient la possibilité d'un excès de la population sur les subsistances, en se fondant sur des arguments biologiques ou anthropologiques. Il est si peu vrai — dit Doubleday — que l'homme soit poussé par un instinct aveugle à procréer sans limites, que, tant que les hommes sont bien nourris, leur nombre ne s'accroît pas. Il nous rappelle à cet égard le mot de Pline l'Ancien : *Steriliora cuncta pinguia et in maribus et in fœminis*. Doubleday nous dit que, d'après Thesaurus, Charles le Gros n'eut pas d'enfants à cause de son obésité. Si les classes riches de l'Europe ont si peu d'enfants, ce n'est là que le résultat des influences antigénésiques d'une alimentation fort abondante. Donc l'excès de la population ne saurait se produire que chez des populations préalablement dégradées, non pas chez les peuples progressifs et civilisés.

Mais, est-ce qu'il faut le dire? Les prémisses biologiques de Doubleday sont tout à fait fantaisistes; car, abstraction faite des cas d'obésité pathologique, rien ne nous prouve qu'une bonne alimentation oppose par elle-même des limites à la fécondité humaine. Au contraire, les expériences accomplies par les naturalistes Born et Jung, d'après lesquelles la nourriture abondante des parents aurait pour effet de faire prédominer les naissances féminines, nous amèneraient à conclure que la nourriture abondante est un coëfficient d'accroissement de la population. D'ailleurs, la théorie de Doubleday tourne dans un cercle vicieux; car cette même nourriture insuffisante, qui serait la cause de l'excès de population, de quoi est-elle le produit, si ce n'est d'une population exubérante antérieure? Donc nous en sommes toujours ramenés à un excès initial de population, que cette théorie présuppose et qu'elle est incapable d'expliquer. Remarquons encore que les ouvriers américains, qui mangent plus que les Européens, n'en ont pas pour cela un moindre nombre d'enfants, et que la fécondité excessive de nos couches sociales misérables peut fort bien s'expliquer par la dégradation morale dérivant de la misère, sans qu'il nous faille appeler en cause la mystérieuse influence du facteur biogastronomique.

On peut classer dans ce groupe aussi la théorie de Carey et de Spencer, d'après qui l'âpreté croissante de la lutte pour la vie, les efforts incessants de la civilisation, en imposant aux individus une dépense croissante d'énergie nerveuse et cérébrale, diminuent d'autant leur force génésique ou procréatrice. Autrement dit, l'excès de population n'est qu'un

malheureux privilège de l'humanité barbare, qui vient déchoir
avec le progrès et s'efface enfin tout à fait. Eh bien, voilà
encore des prémisses biologiques qui ne sont rien moins que
prouvées. Il me suffirait seulement de remarquer que la
dépense de force génésique, nécessaire pour produire l'accroissement *maximum* d'une population donnée, est si peu de
chose, qu'elle ne peut pas être influencée par un surcroît quelconque de dépense nerveuse imposé à l'individu par la lutte
de la vie. Que l'on veuille encore remarquer combien de penseurs éminents, tels que Dante, Darwin, Ricardo, eurent
une nombreuse progéniture. Et enfin, qu'on n'oublie pas que
la dépense croissante de force cérébrale, imposée à l'homme
par les efforts de la civilisation, est un excellent dérivatif des
penchants vicieux et dissipateurs et réussit par là, à maints
égards, à être favorable à l'accroissement de la population.

II. — *Statisticiens.* — Ceux-ci nient la possibilité de l'excès
de population, en affirmant l'existence de freins naturels, qui
limitent l'accroissement de la population, sans que la pru-
dence humaine y soit pour quelque chose. C'est la deuxième
loi de Quetelet : que la résistance, ou la somme des obstacles
à l'accroissement de la population, croit, *cœteris paribus,*
comme le carré de la vitesse, selon laquelle la population
tend à augmenter. Sadler et Guillard ont traduit avec plus de
netteté ce principe dans leur fameuse loi : que la fécondité
d'une population est en raison inverse de sa densité. Et
naguère M. Cauderlier affirmait carrément que la population
vient spontanément s'adapter à la masse des subsistances disponibles; et il en voyait la preuve dans ce fait bien connu,
qu'à chaque élévation du prix du blé on voit baisser le
chiffre des mariages.

Mais ces élucubrations statistiques sont absolument
dépourvues de toute base positive. Abstraction faite de la

thèse de Quetelet, dont ce savant a toujours promis la
démonstration, sans jamais la donner, la loi de Sadler est
démentie par les chiffres ; car bien des pays à population très
dense (le royaume de Saxe par exemple) ont une forte
fécondité. Enfin, le fait dont s'étaie M. Cauderlier — l'affai-
blissement du taux de la nuptialité aux époques de renchéris-
sement des blés, — peut bien amoindrir l'excès de population, mais rien ne nous assure qu'il parviendra à l'effacer
complètement ; et d'ailleurs, si ce fait prouve quelque chose,
c'est tout bonnement que les préceptes de Malthus sont appli-
qués, ou que les hommes contiennent effectivement leur
procréation, dès que les conditions de la vie deviennent plus
difficiles. La vérité, c'est que ces mystérieux freins automatiques, dont serait pourvue la population humaine tel qu'un
être en soi, indépendamment des individus qui la composent,
n'est autre chose qu'une espèce de superstition statistique, qui
n'a pas de base dans les faits. Dans la réalité, la population
ne saurait être maintenue en équilibre avec les subsistances, si
ce n'est par la prévoyance individuelle, ou par le frein moral ;
et partant, dès que ceci cesse de fonctionner, l'excès de
population éclate tout à coup, sans que des freins organiques
providentiels aient la force de l'empêcher. Donc nous
sommes toujours ramenés à la théorie de Malthus, que tous
les efforts des métaphysiciens statistiques ne sauraient renverser.

III. — *Optimistes.* — Si les écrivains du groupe précédent
niaient Malthus en se targuant des freins automatiques à la
population, — ceux-ci le nient à leur tour, en affirmant la
possibilité d'un accroissement indéfini de la production des
subsistances. L'accroissement de la population, dit par
exemple Carey, rend possibles les progrès de l'association du
travail, et il engendre par là le surcroît de produits qu'il lui

faut. Donc un déséquilibre quelconque entre la population et la production est impossible. — Mais voilà encore une conclusion erronée ; car on ne peut pas ignorer qu'une population croissante est contrainte de mettre en culture des terres toujours moins fertiles, et qui, malgré les progrès de l'association du travail, donnent des produits décroissants. — Or, dès que l'on admet cela, il faut bien reconnaître qu'une population croissante sans frein est toujours exposée à tous les malheurs d'un excès des hommes sur les subsistances disponibles.

IV. — *Socialistes.* — Il n'est que trop naturel que la théorie de Malthus, qui rattache la misère à des facteurs tout à fait biologiques et fatals, doit déplaire aux écoles socialistes, visant à accuser de tous nos malheurs les institutions civiles de la société. Rien d'étonnant, partant, si c'est parmi les écrivains socialistes que Malthus a trouvé ses ennemis les plus acharnés. De Pierre Leroux à Henry George, de Marlo à Kautsky, de Proudhon à Engels, tous les coryphées de l'école ont essayé contre le curé d'Hayleybury leurs flèches philosophiques. Mais l'écrivain socialiste, qui a porté les coups les plus vigoureux à la doctrine de Malthus, bien plus, qui a essayé de remplacer celle-ci par une théorie tout à fait différente — c'est Karl Marx. D'après ce penseur, la population exubérante n'est pas due à un excès positif de la population sur les subsistances, mais bien à une surabondance de la population ouvrière, vis-à-vis du capital qui l'emploie, produite à son tour par des causes tout à fait techniques et capitalistes. En effet, au fur et à mesure que l'industrie progresse et se perfectionne, le capital tend à se cristalliser toujours mieux sous la forme de matières brutes et de machines ; tandis que le capital employé en salaires diminue, soit relativement au capital total, soit aussi dans son chiffre absolu. Eh bien, voilà pourquoi une partie de la population, qui se presse autour des fabriques et des fermes, ne trouve pas d'emploi ; voilà de quelle manière se forme et s'accroit cette population surnuméraire, qui, par sa concurrence implacable, contient dans des bornes très étroites les salaires des ouvriers employés. Rien de plus absurde que d'y voir l'effet d'un accroissement excessif de la population, car elle pourrait aussi bien se manifester au milieu d'une population stationnaire ou régressive ; elle n'est que le résultat d'un procès purement technique, indissoluble du système capitaliste, et qui ne pourra cesser, si ce n'est par le renversement de celui-ci !

Cette théorie a certainement le mérite d'avoir mis en lumière l'influence qu'a le capital technique à engendrer une population exubérante vis-à-vis de l'emploi, qui peut fort bien coexister avec le parfait équilibre entre les hommes et les vivres. Mais le tort de Marx, c'est de ne pas remarquer que l'emploi du capital technique peut donner lieu tout au plus à un excès de population temporaire, et que, partant, il n'est pas raisonnable d'y voir le créateur de cette population excessive permanente, qui afflige désormais tous les pays civilisés. Plutôt que dans le capital technique, l'excès actuel de population trouve sa source dans le capital improductif (de bourse et de banque), qui cristallise irrévocablement une partie considérable de l'épargne sociale sous une forme stérile et la soustrait pour toujours au fonds des salaires. Mais la faute essentielle de la théorie de Marx, c'est d'exclure violemment de ses cadres cette population surabondante, qui est due à un accroissement positif de la population en excès sur la quantité des vivres disponibles et qui ne constitue malheureusement qu'un fait trop réel, pour que le théoricien puisse le méconnaître ou l'ignorer.

Donc, affirmons-le carrément, toutes les doctrines, qui sont venues tour à tour s'opposer au dogme de Malthus, sont, à différents égards, entachées d'erreurs et démenties par les faits. Mais est-ce donc que la théorie de Malthus résume en soi toute la vérité? C'est là une conclusion à laquelle je ne saurais pas m'associer, pour une série de considérations que je vais maintenant indiquer.

En considérant l'augmentation limitée de la production agraire et l'accroissement illimité de la population humaine comme le résultat de deux lois, l'une physique et l'autre physiologique, Malthus méconnaît tout à fait le véritable caractère du phénomène qu'il traite. Il est hors de doute que la production des vivres s'accroît fort lentement; tout cela du moins était très vrai, avant que la concurrence américaine ne vînt jeter sur le marché un stock immense de subsistances; et en tout cas, cela était d'une palpable évidence à l'époque où Malthus écrivait. Mais, après avoir constaté le fait, il s'empressa d'en accuser la stérilité de la terre, l'avarice de la nature, système d'explication très aisé et, partant, toujours suivi par tous ceux qui veulent se dispenser de l'analyse profonde des phénomènes. Or, la vérité c'est que le lent accroissement de la production agraire n'est pas dû à l'infertilité du sol, mais à une série d'institutions juridiques et économiques, qui entravent et amoindrissent l'efficacité du travail agricole. D'abord, en effet, les vastes étendues de terrain laissées en friche par leurs propriétaires privent la société des produits qu'elles pourraient fournir. En outre, les terres cultivées sont presque toujours louées à courte échéance, pour laisser aux propriétaires la jouissance des augmentations successives de la rente foncière. Or, par là, l'agriculture est habituellement dirigée par des gens n'ayant aucun intérêt à employer dans le sol des capitaux considérables,

parce qu'ils savent fort bien que ces capitaux seraient confis-
qués par les propriétaires à l'échéance du bail. Et voilà
pourquoi, dans tous les pays où domine le fermage, on
remarque une culture extensive et stérilisante, qui donne lieu
à la diminution lente de la production agricole.

Dans les pays où le fermage n'est pas adopté sur une large
échelle, la culture des terres est de règle confiée à des
métayers, ignorants et pauvres, ou dirigée par des propriétaires employant des ouvriers salariés, dont le travail est
nécessairement inefficace, parce qu'ils n'ont ordinairement
aucune part au produit et, par conséquent, aucun intérêt au
succès de l'entreprise agricole.

Or, cette série d'influences, essentiellement économiques
et juridiques, maintient la production agricole bien en deçà
de ses bornes naturelles. Et ce fait une fois acquis, il est
évident que nous ne pouvons plus rapporter à une loi naturelle et inévitable la manifestation d'un excédent de la population sur la masse des vivres disponibles; car cet excédent
disparaîtrait, sitôt que l'on parviendrait à écarter les facteurs
qui réfrènent l'efficacité productive du travail et du capital.

Mais, répondent à leur tour les malthusiens, quand même
vous pourriez éliminer tous ces obstacles et lâcher la bride à
toutes les forces productives, empêcheriez-vous à jamais
l'excédent de la population? Pas du tout. Votre réforme,
c'est bien vrai, procurerait d'abord des moyens de subsistance à plus d'hommes qu'il n'en peut vivre aujourd'hui;
mais, poussés par l'irrésistible instinct de la procréation, les
êtres humains ne tarderaient pas à se multiplier plus rapidement encore que la masse des subsistances, et l'excédent de
population, un instant disparu, viendrait bientôt renaître
avec l'inéluctable fatalité d'une loi naturelle.

Voilà une objection qui serait certainement irréfutable si

l'accroissement effréné de la population était vraiment — ainsi que Malthus le dit — le résultat d'une loi de nature; mais c'est justement là sa deuxième erreur. Sans doute, les êtres humains, pour la plupart, procréent-ils sans règles et sans limites; du moins c'est un fait qui était d'une vérité incontestable à l'époque de Malthus. Mais, cette fois encore, le grave ecclésiastique, après avoir constaté le fait, s'empresse d'en accuser la nature et son imprévoyance. Et toutefois, pour reconnaître sa faute, il n'aurait eu qu'à observer attentivement la société qui tourbillonnait autour de lui. Il aurait constaté que cette société, même au point de vue du phénomène qui l'intéressait, ne formait pas un tout compact, mais qu'elle se partageait en deux fractions essentiellement distinctes — l'une composée de pauvres, de salariés, de prolétaires, de criminels, se multiplant sans cesse et sans frein, l'autre, de propriétaires, de capitalistes et de clients du capital, n'ayant pas plus de deux enfants par couple; et il aurait vu que, si la population s'accroissait rapidement chez l'une de ces fractions de la société, elle demeurait stationnaire, ou même diminuait, chez l'autre. Or, tout cela aurait dû faire douter notre docteur de la vérité de sa loi *naturelle* de la population; car, qu'est-ce donc qu'une loi naturelle, qui ne s'impose pas également à toutes les parties de la société. En outre, s'il avait remarqué que tous les prolifiques appartiennent à une même classe sociale, dont les conditions d'existence sont diamétralement opposées à celles de l'autre classe moins féconde — il aurait été logiquement amené à conclure que la mesure de la fécondité humaine ne doit pas être recherchée dans la nature physiologique de l'homme, mais dans ses conditions économiques. Le bon pasteur aurait compris alors que ce n'est pas l'homme en général, mais le prolétaire ou salarié, qui se livre à une procréation exubé-

6

rante, parce que ses gains dérisoires, variables et intermittents détruisent en lui tout esprit de prévoyance, tout sentiment de dignité humaine.

Là où Malthus voyait deux lois naturelles, l'une bornant la production des vivres, l'autre favorisant la surproduction des hommes, la réalité nous présente deux lois essentiellement économiques, ou plutôt deux aspects antagoniques du système du salariat. C'est que, d'une part, ce système, en séparant l'un de l'autre les trois facteurs de la production — travail, capital, terre — contient l'essor des forces productives et par là l'accroissement des denrées agricoles ; c'est que, d'autre part, en réduisant les travailleurs à un salaire misérable, il détruit leur continence et sollicite leur procréation. Ces deux effets antagoniques de l'économie du salaire, limitation de la production agricole, excitation de la procréation, amènent fatalement cet excédent chronique de la population, que Malthus prenait pour le résultat nécessaire d'une loi naturelle et inéluctable.

Justement parce qu'il est dû à des facteurs économiques, propres au système du salariat, l'excès de population est un phénomène essentiellement historique, inconnu aux autres formes d'économie sociale. Inutile partant de le rechercher au temps de la féodalité et des corps de métiers. Au contraire, ce qui nous frappe à cette époque, c'est précisément l'exubérance constante des aliments sur les hommes à nourrir, qui a pour résultat que les ouvriers et même les mendiants vivent largement et font bonne chère.

Dans la Russie, tant qu'y dure le servage et avec lui la reproduction exacte de tous les rapports économiques du moyen âge, sa population, au lieu de s'accroître, diminue. Le serf, propriétaire de sa terre et bien pourvu, n'avait garde de compromettre sa position économique et celle de ses fils, en se formant une famille trop nombreuse. Mais dès que le servage eut été aboli par la loi de 1861, et que le serf eut été converti en salarié, la procréation imprévoyante éclata en Russie aussi ; et comme elle s'y heurtait à une production agraire entravée par un système économique défectueux, l'empire des tsars en vint enfin à goûter les délices de l'excédent chronique de la population. Ainsi donc, en Russie, il fallut la loi d'Alexandre II pour que pût se réaliser la loi de Malthus ; ce qui n'empêche pas les grands prêtres de l'économie orthodoxe dans les universités russes de considérer encore le malthusianisme comme un principe indiscutable, se réalisant chez tous les peuples et à toutes les phases de leur histoire.

De la Russie passons à la France. C'est là, personne ne l'ignore, pour ce qui touche notre sujet, une sorte d'île mystérieuse, une charade démographique, qu'économistes et hommes d'État s'efforcent vainement de résoudre. Ce n'est que là, — en effet — que le *crescite et multiplicamini* ne trouve pas d'application et que la population demeure stationnnaire, ou bien diminue. On a donné les explications les plus bizarres de ce fait. M. Sergi, l'anthropologiste italien, affirme qu'il provient d'une cause organique de détérioration intérieure, pareille à celle qui provoque l'extinction des races autochtones de la Tasmanie; comme s'il pouvait y avoir quelque chose de commun entre les Tasmaniens et les Français! Comme si on pouvait ignorer que les indigènes de l'Océanie disparaissent devant l'invasion de races européennes à tant d'égards supérieures! De son côté M. de Lapouge, l'anthropologiste français, affirme que l'infécondité de sa nation est due au fait qu'elle est composée en très grande partie de métis. La nation française, nous dit ce savant, est le fruit du croisement de deux races : l'*homo europeus* et l'*homo alpinus*, lequel dérive à son tour de l'*homo acrogonus* et de l'*homo contractus*. Or le métis est généralement stérile, soit par suite de causes physiologiques encore inexpliquées, soit par une cause volontaire assez aisée à comprendre : c'est que, connaissant l'infériorité ou la moindre pureté de sa race, il ne sent pas le désir ni le devoir de la perpétuer. — Quelle drôle explication! Tant qu'on ne nous aura pas démontré que dans l'extase des sens, l'homme trouve le moyen de se livrer à de profondes considérations anthropologiques sur la pureté de sa race et sur l'opportunité plus ou moins grande de la perpétuer, et que ces considérations, tout en admettant qu'elles se fassent, ont une influence quelconque sur la conduite humaine dans ces moments de la vie, dont toute conscience et toute raison semblent bannies — on ne pourra pas s'empêcher de sourire de la théorie de M. de Lapouge, une des plus bizarres aberrations du naturalisme, que l'on ait débitées depuis longtemps.

D'autres encore attribuent l'infécondité française à des maladies de l'homme, qui se transmettent à la femme aux premières couches et en causent la stérilité. Cette explication n'est certes pas très flatteuse pour la nation française, mais elle est, au surplus, aussi peu prouvée que probable. Les innombrables ménages français qui n'ont qu'un seul enfant, et où pourtant la bonne mine et l'embonpoint des époux, excluent tout d'abord la présence d'une maladie ou affection quelconque — la refutent assez clairement.

Eh bien, toutes ces absurdités physiologiques, anthropologiques, obstétriques auraient été évitées, à la gloire du bon sens et de la raison, si l'on avait recherché la cause de la stérilité française, non plus dans les facteurs organiques, mais dans ceux superorganiques, dans le régime de la répartition des richesses en France. En effet, tandis que partout ailleurs la petite propriété a été depuis longtemps dévorée par la grande, elle domine encore dans presque tous les départements français. Or, on comprend aisément que le petit propriétaire, jouissant d'une modeste aisance et sûr du lendemain, ne se montre pas aussi follement prolifique que l'ouvrier vivant au jour le jour, dans la dépendance absolue du capitaliste, et ignorant jusqu'au sentiment de la prévoyance et de la responsabilité. Aussi est-il remarquable que les départements français, où le nombre des enfants par ménage est le moindre, sont précisément ceux où la petite propriété foncière est plus répandue. — Voilà donc ce qui prouve une fois de plus que la procréation effrénée n'est pas dictée par la nature, mais par les institutions sociales ; qu'elle ne doit pas être imputée à un défaut des choses éternelles, mais à l'ombre fugitive que l'homme y projette.

Mais le surplus de population est un phénomène encore plus restreint que ne le feraient supposer ces considérations. En effet, pour qu'il se manifeste, il ne suffit pas de l'institution du salariat ; il faut encore que l'ouvrier soit réduit au salaire de la faim. Il est avéré que, lorsque l'ouvrier est insuffisamment payé, il procrée follement ; mais sitôt que les salaires s'élèvent au-dessus de ce niveau infime, on constate un ralentissement dans l'accroissement de la population. Et si une production plus active vient en même temps accroître la quantité des vivres jetés sur le marché, le déséquilibre entre la population et les subsistances finit par disparaître. Or, c'est bien là un fait dont nous sommes témoins depuis quelque temps. Les grandes machines agricoles, la culture des terrains très fertiles du Nouveau-Monde, les moyens de transport perfectionnés, ont jetés sur les marchés d'Europe et d'Amérique d'énormes quantités de denrées agricoles ; en même temps une élévation des salaires, due à la plus grande productivité du travail, et surtout à l'action énergique des Trades-Unions, a amélioré la situation économique et morale de l'ouvrier, et ralenti par là sa fécondité ; d'où le fait que la population ne s'accroît désormais que dans une progression arithmétique. Or, cette production renforcée des vivres, accompagnée d'une diminution du nombre des naissances, a eu enfin pour résultat, ainsi qu'il était facile de le prévoir, l'inversion de la loi de Malthus, ou l'excès de la production des vivres sur les besoins des hommes. En effet, on sait fort bien que malgré l'énorme dépréciation qu'ils ont subie, une partie des grains produits ne trouve pas d'acheteurs, et que les cultivateurs sont contraints de l'employer à la distillation, ou à la nourriture des bestiaux, quand ils ne la laissent pas tout bonnement pourrir dans les granges.

Que reste-t-il donc de ce fameux principe de Malthus, de cette loi éternelle et immuable, que l'on osait comparer à la gravitation universelle ? L'observation sereine des faits la réduit à la modeste figure d'un épisode intéressant, mais fugitif, de l'histoire des nations, qui se produit aux débuts de l'économie du salaire, lorsque celui-ci est réduit au niveau minimum, tandis que les procédés techniques imparfaits limitent la production agraire, — mais que les progrès ultérieurs de l'économie et de la production viennent inexorablement anéantir. Aujourd'hui, Malthus est abrogé. — Mais s'il n'y a plus, aujourd'hui, d'excédent de la population sur les vivres, il y a toutefois — et c'est bien autre chose — un excédent de la population sur le capital. En effet, c'est bien vrai que le grenier du monde contient à présent plus de vivres qu'il n'en faut pour nourrir l'humanité tout entière ; mais il n'en est pas moins vrai que la clé du grenier est dans la poche des riches. Or, s'il leur plaît de n'en laisser sortir qu'une quantité de vivres moindre que celle qui serait nécessaire pour nourrir la totalité de la population ouvrière, il est clair qu'une partie de cette population sera condamnée à mourir de faim. Si, émus de pitié ou poussés par la peur, les riches tirent de leur *stock* de quoi nourrir les ouvriers sans travail, ceux qui seront secourus par là ne mourront pas de faim, mais végèteront misérablement dans les bas-fonds du paupérisme et du crime. Ils formeront une véritable population surnuméraire, excédant non plus les vivres, mais les capitaux, et leur misère ne dépendra pas de l'avarice de la nature, ni de la procréation exubérante, mais des limites qui s'opposent à l'emploi productif de la richesse sociale.

Ne nous demandons plus maintenant pourquoi, après que le nuage sinistre du malthusianisme a disparu de l'horizon économique, nous constatons encore la présence d'un paupérisme chronique. C'est que la décroissance progressive du profit détourne les capitalistes des emplois productifs de leur richesse, et partant vient soustraire à la production une partie du capital qui pourrait l'alimenter. Or, il s'ensuit qu'une partie seulement de la population existante peut obtenir des vivres d'une façon normale, en échange du travail honnête, tandis que le reste plonge dans l'abîme béant de la misère et de la dégénérescence.

On voit par tout cela que le seul moyen de guérir l'excès moderne de la population, c'est de faire disparaître les entraves, qui s'opposent aux progrès de l'accumulation productive. Tout autre moyen qui ne viserait pas ce but serait nécessairement inefficace ou nuisible. Que dire, par exemple, de ceux qui voudraient essayer de l'introduction de l'azote dans le sol, de l'agriculture à l'électricité, ou d'autres moyens plus ou moins mirobolants d'accroître la production agricole, afin de nourrir la population surnuméraire, ou, comme ils le disent, de rétablir la balance des vivres, comme si cette balance n'était pas déjà fort bien équilibrée, comme si elle ne se soldait pas, annuellement, par une avance considérable! D'autres, au contraire, les soi-disant néo-malthusiens, proposent une collection de méthodes physiologiques destinées à limiter la procréation. Mais ne voient-ils pas qu'il n'y a plus d'excès d'hommes sur les vivres et que la procréation diminue d'elle-même, grâce à l'amélioration des conditions de vie des classes ouvrières, sans qu'il y ait besoin de recourir à la funeste intervention des pratiques contre nature? Le seul remède efficace à l'excès moderne de population ne peut être donné que par une forme économique, qui favorise, au lieu de l'entraver, l'emploi producteur du capital; par une forme économique qui anéantisse, avec le capitalisme, les barrières qu'il inflige à la production et qui érige enfin sur ses décombres l'industrie libre et épanouie des siècles à venir.

SIXIÈME LEÇON

Les classes sociales

La masse totale des richesses produites subit, dans tous les pays civilisés, une série nombreuse et considérable de divisions et subdivisions. Sans doute, on pourrait concevoir abstraitement un système économique, dans lequel le produit n'eût à subir aucune répartition, mais fût intégralement perçu et consommé par son producteur. Dans nos sociétés elles-mêmes, le produit obtenu par un petit propriétaire de terre est perçu et consommé par lui, sans qu'il ait à le partager avec d'autres, si ce n'est avec le fisc. Mais la petite propriété ne représente qu'une forme exceptionnelle chez les nations contemporaines régies par la propriété capitaliste. Or, dans cette forme économique le produit se partage entre plusieurs individus ou plusieurs classes; et ce partage donne lieu à bien des modalités très intéressantes et très dignes d'attention.

Le produit annuel d'un pays subit avant tout une division fondamentale en deux parties nettement distinguées, dont l'une doit reconstituer le *capital technique*, c'est-à-dire les matières consommées et les machines employées dans le procès productif, tandis que l'autre partie se compose de produits consommables. Le produit total est le *produit brut ;* ce qui reste, après la reconstitution du capital technique, est le *produit net.*

Le produit net se divise à son tour en deux fractions nettement distinctes, dont l'une échoit à la classe travailleuse — c'est le salaire — tandis que l'autre est assignée à la classe propriétaire — c'est le revenu. Et le processus de répartition du produit net entre ces deux fractions peut fort bien se désigner sous le nom de *distribution des richesses.*

Mais le revenu, qui nous apparaît au premier abord comme un tout homogène et indivisible, se décompose en une série de sous-espèces absolument différentes. Avant tout le revenu global se partage en deux fragments nettement divisés, la *rente foncière* et le *profit du capital,* dont le développement est plus que différent, antagonique, car tout ce qui accroît le profit diminue la rente foncière et *vice-versa.* D'où un antagonisme fondamental d'intérêts entre les propriétaires de terres et les capitalistes, qui toutefois s'accordent dans l'opposition opiniâtre à toute agitation ouvrière ou prolétarienne.

Le profit du capital est à son tour un revenu complexe qui se divise en deux sous-espèces bien distinctes — l'*intérêt* perçu par celui qui a avancé le capital, et le *bénéfice* de l'entrepreneur qui emploie le capital dans la production. Et ces deux revenus sont, eux aussi, antagoniques, car tout ce qui élève l'intérêt du capital diminue le bénéfice de l'entrepreneur et *vice-versa;* d'où découle un conflit latent entre les deux copartageants du profit, d'ailleurs coalisés contre tout effort visant à réduire le profit global.

Mais l'intérêt du capital subit à son tour une répartition ultérieure, selon qu'il est perçu par un capital productif ou bien par un capital improductif, et il se forme par là deux nouveaux revenus également antagoniques, car tout ce qui élève l'un diminue l'autre. Par exemple, une guerre a une influence défavorable à l'intérêt du capital producteur, qui en est anéanti parfois, toujours amoindri; mais son influence est, au contraire, tout à fait bienfaisante pour l'intérêt du capital improductif. On le vit bien en Russie en 1877; car au même moment où la guerre de Turquie y frappait à leurs racines les forces productives du pays, le capital de banque et de prêt à l'Etat y empochait des dividendes superbes. Rien partant de plus naturel que l'antagonisme persistant entre les possesseurs du capital productif et du capital improductif.

A côté de ces espèces du revenu, il y a encore à enregistrer les appointements des travailleurs improductifs, des magistrats, des fonctionnaires, des prêtres, des professeurs, des médecins, des avocats, des artistes, des danseurs, des cocottes, etc. Tous ces messieurs et mesdames, ne produisant pas de richesses, doivent nécessairement s'en procurer au moyen d'un prélèvement sur les revenus des capitalistes et des propriétaires de terres; d'où il vient que les intérêts de ceux-là sont forcément opposés aux intérêts de ceux-ci, tout en s'accordant ensemble dans l'intérêt supérieur de l'intégrité et de l'ampleur globale du revenu.

Enfin, une partie du revenu total est perçue par l'Etat, et va former l'impôt qui lui est dû.

Ce partage du revenu global en plusieurs espèces diverses et antagoniques — qui donnent lieu ensuite à la formation de nouvelles sous-espèces à l'infini — peut très bien se désigner sous le nom de *redistribution des richesses*. Donc la distribution des richesses est le partage fondamental du produit net entre le salaire et le revenu; la redistribution des richesses est la subdivision du revenu en ses espèces secondaires et dérivées.

Mais à côté de cette redistribution fondamentale, qui aboutit à la création d'une pluralité de revenus permanents, il y a aussi une *redistribution secondaire*, qui ne saurait enfanter que des revenus saltuaires ou tout à fait sporadiques. Et les procès, au moyen desquels l'on produit ces revenus intermittents, se réduisent à quatre — le *vol*, le *jeu*, la *bienfaisance* et l'*assurance*. Tout cela est par soi-même évident pour ce qui concerne les trois premiers. Mais le quatrième aussi ne fait au fond que transférer la richesse accumulée par les assurés à ceux d'entre eux qui ont souffert d'un sinistre; ce qui revient à dire qu'il représente aussi une redistribution erratique de richesses, dépourvue de tout caractère permanent.

Eh bien, cette distribution et redistribution des richesses, dont je viens de résumer les traits les plus marquants dans ce rapide exposé, est la source cachée d'où viennent découler les classes sociales. La division fondamentale du produit net entre le salaire et le revenu donne lieu à la création des deux grandes classes historiques, des *travailleurs non-propriétaires* et des *propriétaires non-travailleurs*. Mais à côté de ces deux classes nettement distinctes, il vient se former deux classes, que l'on pourrait appeler composites — l'une formée des *propriétaires-travailleurs*, l'autre des *non-propriétaires non-travailleurs*. D'une part, en effet, il y a les petits propriétaires et les artisans indépendants, qui concentrent dans leur main le travail et la propriété; il y a d'autre part les misérables, condamnés à un chômage forcé et privés de propriété autant que de travail. Ces deux classes, hâtons-nous de le remarquer, se distinguent des précédentes parce qu'elles ont un caractère tout à fait transitoire, tandis que les autres sont permanentes. En effet, d'une part les petits propriétaires, écrasés par la concurrence de la grande industrie, sont exposés à un déclin fatal, et destinés à être précipités tôt ou tard dans les rangs des salariés; tandis que de l'autre côté les victimes du chômage s'efforcent par tous les moyens de sortir de leur condition avilissante et parviennent maintes fois à s'embaucher dans la grande armée des travailleurs actifs. Donc, la petite propriété est un état de passage, duquel on descend au salariat; le chômage forcé est un état de passage, duquel l'on monte au salariat; et tous les deux donnent naissance à des classes sociales tout à fait instables et transitoires.

Ce sont là les quatre classes sociales fondamentales qui découlent naturellement de la formation du revenu et de ses diverses combinaisons avec le travail. — Mais comme le revenu peut être de plusieurs espèces, la classe sociale, dont il est le support, se subdivise à son tour en une multitude de sous-classes. Avant tout, dès que le revenu du travail impro-ductif vient se différencier du revenu de la propriété — la classe rentière se divise dans les deux sous-classes des propriétaires des éléments producteurs et des travailleurs improductifs. La division fondamentale du revenu patrimonial entre le profit du capital et la rente de la terre engendre une division corré-lative entre la classe des propriétaires de terres et celle des capitalistes; tandis que les divisions ultérieures du profit donnent lieu aux sous-classes des capitalistes productifs, capitalistes improductifs, entrepreneurs, etc. Mais la rente foncière se subdivise à son tour, selon qu'elle se rapporte aux terres cultivées, aux mines, aux terrains à bâtis, etc.; le profit se distingue, selon qu'il est perçu par le capital manufacturier, commerçant, etc. Et il en dérive autant de sous-classes, dont les intérêts sont jusqu'à un certain point antagoniques.

Enfin, à côté de cette classification des propriétaires d'après un caractère qualitatif, on doit aussi faire mention de leur distinction quantitative; car il y a des propriétaires plus ou moins riches, ou jouissant d'un revenu de grandeur différente. Et il en dérive autant de sous-classes sociales, animées par des intérêts tout à fait divers et même opposés.

Cette division de la société en classes, répondant à autant d'espèces ou sous-espèces du revenu, n'est pas — il s'en faut — un phénomène particulier à notre âge. Mais ce qui caractérise notre époque, ce qui la distingue nettement des siècles passés, c'est qu'autrefois les classes sociales étaient absolument impénétrables, car tout passage des individus de l'une à l'autre était défendu de par la loi; tandis qu'aujourd'hui, au contraire, il n'y a plus d'entraves juridiques au passage des individus de l'une à l'autre classe. Ce n'est là toutefois — il n'est que juste de l'observer — qu'une différence tout à fait formelle; car aujourd'hui le passage des individus d'une classe sociale à l'autre — tout libre qu'il soit au point de vue juridique — se trouve enrayé par une foule d'entraves économiques, qu'il est toujours très difficile, et parfois impossible de briser.

Mais il n'en est pas moins vrai que ce fait essentiellement moderne, de l'entière accessibilité de toute classe sociale à tous les membres de la société humaine, pose à tout esprit réfléchi ce problème poignant; et pourquoi donc y-a-t-il des classes sociales? Autrefois, lorsque chaque homme était rivé à sa classe par une loi inexorable, le problème pouvait être en quelque manière éludé; car enfin on pouvait bien dire que c'était l'état qui fixait chaque homme dans sa couche, qui lui assignait sa place et son rôle. Mais aujourd'hui évidemment une telle réponse n'aurait plus de sens; et partant nous en sommes à nous demander de quelle manière, au milieu de l'égalité juridique universelle, il peut se former une hiérarchie sociale si marquante et si irrévocable.

Or, il y a à ce sujet une théorie qui vient d'obtenir une certaine notoriété, d'après laquelle la différenciation des classes sociales serait le produit de différences anthropologiques primordiales et irrévocables. D'après M. Schmoller, par exemple, si quelques individus parviennent à se former une propriété, c'est qu'ils possèdent des qualités physiques et mentales supérieures ; et si la masse reste dépourvue de biens, c'est qu'elle ne possède pas de ces qualités avantageuses. Mais la division initiale, qui de cette façon s'établit entre les riches et les pauvres, vient se perpétuer à travers les générations par l'influence de l'hérédité. Les aptitudes supérieures innées, qui ont procuré la propriété à une petite minorité parmi les hommes primitifs, et celles que cette minorité a acquises ensuite par l'effet de l'exercice et de l'accumulation de la propriété, se transmettent à ses enfants ; et, grâce à ces qualités, ceux-ci parviennent à conserver et à agrandir leur fortune. Au contraire, les qualités inférieures, qui ont condamné la grande masse de l'humanité primitive à travailler et à servir, et celles qu'elle a acquises par l'exercice de son travail, se transmettent à ses enfants et les empêchent de sortir de leur assujettissement. Bref, le fils du propriétaire est propriétaire parce qu'il en hérite les qualités supérieures, naturelles et acquises ; de même que le fils de l'ouvrier est ouvrier et suit le métier de son père, parce qu'il en hérite les qualités inférieures, qui lui ôtent toute capacité de faire autre chose que ce travail déterminé.

Mais cette même cause anthropologique qui préside à la division fondamentale de l'humanité entre les deux classes des propriétaires et des pauvres, divise encore les propriétaires en une pluralité de classes inégalement pourvues de moyens et de revenus. En effet, les plus intelligents, les plus sages, par l'effet de ces qualités supérieures, parviennent à s'emparer des gros lots, des fortunes colossales, tandis que ceux dont l'esprit est plus lourd ne peuvent atteindre par là même que des revenus corrélativement inférieurs. Autrement dit, la hiérarchie des revenus n'est autre chose que le produit d'une hiérarchie corrélative des cerveaux. Et c'est bien là la thèse que M. Ammon vient d'étayer d'une foule de considérations sociologiques et de données statistiques. D'après cet auteur, les revenus viennent se disposer selon une courbe absolument analogue à celle des talents. De même, en effet, qu'il y a un petit nombre de génies et de crétins, et que les intelligences, s'éloignant progressivement en bas ou en haut de ces deux extrêmes, sont progressivement nombreuses, jusqu'à ce qu'on arrive à l'intelligence moyenne qui est le lot de la grande majorité des hommes, de même il y a un petit nombre de millionnaires et de gueux, tandis que le nombre d'hommes dont la richesse va s'éloignant progressivement, en bas ou en haut, de ces deux extrêmes, va progressivement s'élevant et que la grande majorité des hommes se trouve posséder les revenus moyens. Eh bien, cette homologie frappante entre les deux binomes, du talent et de la richesse, démontre, d'après M. Ammon, d'une façon irréfutable, que la richesse est le produit et l'apanage du talent; que cette petite minorité de richards doit sa fortune supérieure à sa supériorité mentale, tandis que les hommes moins pourvus de richesses se classent par là même comme intellectuellement et physiquement inférieurs. Et les faits les plus connus, ajoute notre auteur, confirment de la façon la plus éclatante cette loi. Nous en trouvons une preuve dans le fait remarqué par De Candolle, que les familles nobles et éminentes des villes ont toujours donné un nombre de savants et d'artistes bien supérieur à la moyenne. Les recherches anthropologiques démontrent, à leur tour, que chez les classes élevées prévalent les têtes longues, tandis que les têtes rondes sont plus nombreuses chez les classes moyennes. Enfin, l'on a constaté que les chapeaux des ouvriers ont un numéro, une ampleur moindre que ceux des capitalistes, ce qui dénote évidemment une capacité crânienne inférieure. Et que veut-on de plus pour pouvoir accorder une patente de génialité aux bourgeois et d'imbécillité aux prolétaires? Mais il n'y a qu'un ignorant doublé d'un rêveur, qui puisse mettre en doute cette vérité irréfutable, que la richesse n'est que la couronne terrestre du génie, ou que la propriété est l'attribution normale des têtes fortes, de même que la pauvreté est le lot fatal des pauvres d'esprit!

Voilà la théorie que des savants autorisés prêchent à présent du haut des chaires les plus solennelles, — surtout dans cette Allemagne, qui a toujours été la terre classique des distinctions et sous-distinctions hiérarchiques — et qui trouve un accueil empressé chez les maîtres et les disciples des deux mondes. Mais si grands et retentissants qu'ils soient, ces succès ne peuvent pas étouffer les désapprobations catégoriques de tous les penseurs impartiaux. Rien, en effet, de plus faux que cette prétendue supériorité physique et mentale des classes riches. Sans doute, nous n'arrivons pas jusqu'à la thèse de Helvetius et d'Adam Smith, d'après laquelle les riches ne sont pas riches parce qu'ils sont intelligents, mais intelligents parce que riches. Et toutefois, il y a bien plus de vérité dans cette thèse que dans celle que nous venons d'indiquer. Pour le prouver, il suffit de ce même fait sur lequel M. Ammon insiste, que les familles nobles et riches ont donné un nombre plus grand, absolu et relatif, de savants et d'artistes; car la raison de ce fait est tout bonne-

7

ment que les familles aisées peuvent seules fournir à leurs enfants l'instruction nécessaire pour les préparer à une profession libérale. Donc, si ce n'est pas le talent, du moins la possibilité de l'appliquer suppose la possession préalable d'un revenu, ce qui revient à dire qu'elle a ses racines dans la propriété.

Et combien de savants célèbres durent la paternité de leurs découvertes rien qu'à leur bourse bien pourvue! Lavoisier s'appropriait systématiquement toutes les découvertes d'astéroïdes faites par ses assistants, et comme on lui reprochait ce fait, il répondit cyniquement qu'elles étaient bien sa propriété légitime, car il avait payé 1,000 francs pour chaque nouvel astéroïde découvert. D'ailleurs, la généalogie des patrimoines les mieux connus suffit, à elle seule, à démentir toute théorie qui considère la richesse comme le résultat ou la rétribution d'une intelligence supérieure. Il me suffira, à cet égard, d'un seul exemple entre mille. Un esclave indien, chargé de la garde du temple de Siva, arrache pendant la nuit un des diamants colossaux qui forment les yeux de l'idole, s'enfuit avec le précieux bijou à travers l'Asie, pénètre en Russie et arrive à Saint-Pétersbourg, où il parvient à le vendre à l'impératrice Catherine pour la jolie somme d'un million et demi de roubles. Cet homme-là, c'est le fondateur de l'illustre maison des Lazareff. Eh bien, dans ce cas-là, est-ce que c'est le talent ou bien le vol qui a été le créateur de la richesse et de la propriété ?

D'ailleurs, à propos du mouvement soi-disant parallèle des deux courbes des talents et des revenus, qui a été l'occasion de tant de bavardage académique — je dois remarquer que rien n'est plus absurde que de parler d'une courbe des revenus ; car les revenus ne se disposent pas du tout selon une courbe mais bien selon une pyramide ; car le nombre des rentiers ne vient pas se rétrécissant, mais au contraire s'élargit toujours plus, au fur et à mesure qu'on descend à des revenus inférieurs à la moyenne. Donc ce n'est pas vrai que les revenus se disposent d'après une loi analogue à celle qui règle la distribution des cerveaux. Mais aussi abstraction faite de tout cela et tout en admettant qu'il y ait une courbe des revenus parfaitement analogue à celle des talents — eh bien, qu'est-ce que cela prouve relativement à notre question? Pour que cela pût prouver quelque chose, il faudrait nous démontrer que les individus placés aux différents degrés de la courbe des revenus, sont *les mêmes* qui occupent les degrés analogues de la courbe des talents, autrement dit, que les classes successives des rentiers sont formées par ces mêmes individus, dont se composent les classes successives des talents. Or cette démonstration, il faut à peine l'observer, on ne la donne pas et on ne peut pas la donner, et sans elle les deux courbes restent absolument dépourvues de toute force probante vis-à-vis du sujet qui nous occupe.

Enfin, ce même fait, sur lequel on insiste tant aujourd'hui, de la rotation des aristocraties, du déclin rythmique des classes ci-devant prédominantes et de leur remplacement fatal par les classes naguère asservies — dément de la façon la plus absolue tout effort visant à donner aux classes sociales un substratum anthropologique. En effet, si les classes riches et puissantes doivent vraiment la supériorité de leur condition à une supériorité physique et mentale, comment se fait-il qu'à un certain moment elles soient tout à coup précipitées dans les couches inférieures et plus humbles? — Et comment se peut-il que les classes économiquement inférieures, dont la misère ne serait que l'effet de leur infériorité mentale, soient soulevées d'emblée aux faîtes de la fortune et en arrivent à se substituer triomphalement aux classes privilégiées, parvenues à leur déclin? — Par quelle force secrète ces individus, que leur pauvreté même classe parmi les êtres intellectuellement inférieurs, sont-ils doués soudainement des qualités éminentes nécessaires pour conquérir les places supérieures dans la hiérarchie de l'influence et de la propriété? — Voilà autant de mystères que la théorie de nos adversaires ne parvient pas à éclaircir, autant d'obstacles contre lesquels elle vient se briser.

La vérité, c'est que les faits les mieux connus protestent hautement contre cette théorie révoltante qui voudrait river éternellement le fils du prolétaire à ses peines et le fils du propriétaire à ses béatitudes. Même dans ces âges malheureux, dans lesquels la loi enchaînait les fils au métier, ou à la condition sociale de leur père — dans ces âges aussi cette théorie ne trouve pas d'application absolue; et Giotto, fils d'un berger, Kant d'un sellier, Luther d'un mineur, protestent contre la sombre théorie des hérédités fatales. Mais, à notre âge, elle n'a plus même l'apparence de la vérité, elle fait eau de toutes parts. Est-ce que nous ne voyons pas, en effet, les Juifs, relégués pendant des siècles, par des lois oppressives, dans les métiers les plus avilissants et sordides, sortir, avec l'abrogation de ces lois, des barrières abhorrées et se disperser dans les libres champs de la politique, de la science, de l'art, de l'invention, en y conquérant du premier abord les places les plus éminentes? — Est-ce qu'on ne voit pas chaque jour des fils d'ouvriers et de prolétaires s'élever de leur condition misérable et atteindre par leur talent à une fortune, à une place supérieures? Qu'est-ce que le principe, tant répété de nos jours aussi par M. Carnégie, que pour les jeunes gens la pauvreté c'est un trésor, si ce n'est l'aveu explicite que le fils du pauvre peut s'élever par le travail et le talent aux faîtes de la richesse et de la grandeur? Qu'est-ce que sont donc les prix, les bourses concédées par les Universités ou par les Instituts des Hautes Études aux jeunes pauvres les plus distingués, si ce n'est l'aveu solennel de ce fait, que le fils de l'ouvrier peut fort bien parvenir à une sphère d'activité supérieure à celle de son père?

Donc, nous pouvons bien le proclamer très hautement, toute la société moderne proteste contre la théorie aristocratique des hérédités fatales. Vis-à-vis de la rotation vertigineuse des hommes contemporains de l'une à l'autre classe sociale, parler encore d'une cristallisation rigide des familles dans une même sphère de travail ou de richesse, c'est tout bonnement un anachronisme. La vieille théorie de Platon, des hommes d'or et des hommes d'argent, n'a plus d'application dans le monde actuel et nous sommes enfin contraints d'avouer que la nature n'a pas d'héraldique, qu'elle ne connaît pas de couches sociales éternellement privilégiées et d'autres perpétuellement condamnées, mais qu'elle répand *aequa manu* le travail et la richesse, la douleur et le repos parmi les groupes les plus divers et les plus éloignés de la grande famille humaine.

J'en ai dit assez pour critiquer une théorie qui moissonne à présent des lauriers autant immérités que funestes au véritable progrès scientifique. Mais la critique des erreurs d'autrui n'est pas encore l'exposition concrète du vrai, et nous en sommes partant à nous demander à quoi donc doit-on la formation, l'existence des classes sociales? Toutefois la réponse, à mon avis, ne saurait être difficile. Pour ce qui concerne les classes à base qualitative, les classes des propriétaires de terres, des capitalistes manufacturiers, des banquiers, des entrepreneurs, des travailleurs improductifs — leur formation n'est que le résultat nécessaire de la ségrégation personnelle des divers facteurs de la production et de l'appropriation. Aux âges primitifs, où tous les facteurs de la production et de l'appropriation demeurent chez la même personne, il n'y a qu'un seul revenu indifférencié; mais avec le progrès économique, la propriété de la terre vient se séparer de celle du capital, le capital improductif se sépare du capital productif, et celui-ci à son tour se détache du travail de direction de l'entreprise; enfin, le travail improductif aussi se détache des autres sources du revenu. De cette manière, à la rente foncière, vient s'opposer le profit du capital, au profit du capital industriel l'intérêt du capital de commerce, de bourse et de banque, le bénéfice de l'entrepreneur, la rétribution du travail improductif, etc., et à la suite de cette séparation des revenus, viennent se former les classes spéciales des propriétaires fonciers, des capitalistes, industriels ou agricoles, des commerçants, des banquiers, des entrepreneurs, des travailleurs improductifs.

Pour ce qui regarde, au contraire, les classes à base quantative, c'est-à-dire possédant une quantité différente de revenu, leur première origine remonte au jour où l'accroissement de la population a imposé la culture des terres de deuxième qualité. — En effet, du jour où il y a eu en culture deux zones de terre de fertilité différente, il y a eu deux groupes de propriétaires diversement pourvus et partant deux classes sociales différentes. Et si à la même époque l'on parvenait à empêcher une partie de la population d'occuper des terres à son propre compte, et on l'obligeait à travailler pour les propriétaires — voilà qu'il se formait une classe de non-propriétaires, de travailleurs esclaves, serfs, ou salariés. De cette manière les individus exclus de la terre constituèrent la classe des travailleurs, tandis que les propriétaires de terres douées de fertilité différente formèrent les différentes classes des propriétaires; et partant, se dessinait la première ébauche d'une société divisée en classes. Les accumulations ultérieures du capital, les luttes entre les rentiers diversement nantis de richesse, ou bien entre les rentiers et les prolétaires, la formation d'une classe industrielle et son agrandissement progressif, venaient ensuite compliquer, intensifier, et parfois encore enchevêtrer la distinction primordiale des classes, jusqu'à lui ôter toute dépendance de la différente productivité du sol approprié. Mais il n'en reste pas moins vrai que c'est là la première origine de la division des classes sociales, bref, qu'elles découlent de la diversité primitive des terres mises en culture. Et nous trouvons dans ce fait une démonstration nouvelle de cette vérité qui, d'après nos vues, est le fondement de toute la sociologie : que tous les phénomènes économiques et sociaux n'ont pas leur base dans l'homme, mais dans la terre ; que leur cause n'appartient pas à l'ordre des faits anthropologiques, mais est exclusivement tellurique.

SEPTIÈME LEÇON

La lutte des classes

Nous venons de remarquer que la richesse sociale se divise
en deux parties fondamentales, salaire et revenu, et que ceux-ci
se partagent, à leur tour, entre une multitude de sous-espèces
qui suivent une marche différente et parfois antagonique. Or
ce même fait crée un antagonisme d'intérêt très marquant
entre les rentiers et les pauvres, de même qu'entre les possesseurs des différentes espèces de revenu, et partant une lutte
incessante et implacable entre les uns et les autres. Cette
lutte présente aux âges divers de l'histoire une allure différente ; elle est violente aux époques belliqueuses et barbares,
tandis qu'elle s'adoucit aux époques industrielles et civilisées ;
mais, en somme, c'est là un phénomène commun à tous les
peuples et à tous les âges historiques de l'humanité.

Cette lutte est avant tout économique, c'est-à-dire qu'elle se
développe dans l'enceinte des rapports privés, s'établissant
entre les propriétaires et les prolétaires, ou entre les propriétaires de revenus qualitativement ou quantitativement différents. Et la lutte économique peut être *indirecte* ou *directe*,

selon qu'elle se borne à favoriser les procès qui accroissent le revenu aux dépens du salaire, ou un revenu particulier aux dépens d'un autre, ou bien vise à créer des avantages ultérieurs, ou des causes artificielles de supériorité du revenu sur le salaire, ou de l'un sur l'autre revenu.

Par exemple, le développement systématique donné par les capitalistes à l'industrie à domicile, dans le but de réduire les salaires en dispersant les travailleurs, n'est qu'une forme *sui generis* de lutte indirecte du capital contre le travail. L'accaparement des terres les plus fertiles des colonies par les propriétaires, l'opposition des propriétaires fonciers des pays anciens à l'introduction des améliorations agricoles, sont autant de formes de lutte indirecte entre la rente foncière et le profit du capital ; car elles visent, en substance, à solliciter, ou favoriser, les causes naturelles, qui élèvent la rente aux dépens du profit. Inversement, si les capitalistes manufacturiers sollicitent l'importation des blés à bon marché, ou les prêts à bas intérêt aux fermiers, l'on n'a pas autre chose qu'une forme de lutte indirecte du profit contre la rente foncière. De même, on a une lutte indirecte des gros revenus contre les petits, lorsque ceux-là favorisent les prêts à bas intérêt à la grande industrie, ou bien la vente des matières premières à des conditions particulièrement favorables aux plus gros acheteurs, etc. Et il serait très aisé d'indiquer d'autres exemples.

Mais il n'est pas moins facile d'indiquer des exemples de lutte directe entre le revenu et le salaire, ou entre les revenus de différentes espèces. Si les capitalistes se coalisent pour résister aux prétentions des travailleurs, si les producteurs ou bien les vendeurs d'une marchandise déterminée se coalisent pour imposer aux acheteurs un prix majoré, il se produit effectivement une lutte directe entre les membres des différentes classes, car ceux-ci ne se bornent plus à favoriser les causes naturelles d'accroissement de leur propre revenu, mais créent de leurs propres mains des conditions artificielles de supériorité et de victoire. Il en est de même, dès que les consommateurs se coalisent contre les vendeurs (ce qui vraiment est plus rare) ou que les propriétaires de la richesse mobilière se liguent contre les emprunteurs, ou que les gros propriétaires ou fabricants forment des *trusts* pour combattre les petits, etc.

Toutefois, tant que la lutte des classes se contient dans l'arène silencieuse des rapports économiques, il nous est très difficile de la saisir, et d'ailleurs ses résultats sont toujours révocables et douteux. Mais la lutte des classes devient au contraire une manifestation éclatante et atteint aux résultats les plus importants, dès qu'elle s'élève du fond obscur des rapports économiques à la sphère éblouissante des rapports politiques. En effet, chacune des classes sociales ne peut pas lutter contre les classes rivales, ou du moins ne parvient pas à triompher définitivement de celles-ci, si elle ne s'empare du pouvoir, si elle ne transforme l'œuvre de la loi en instrument docile de ses intérêts et de sa volonté. Et voilà pourquoi chaque classe économique constitue le fondement d'une classe politique qui lutte contre les classes rivales dans l'arène gouvernementale ou parlementaire et s'efforce par tous les moyens de s'emparer du pouvoir, d'en faire un monopole absolu.

A cet égard, la division économique fondamentale, celle à qui l'on doit la scission la plus essentielle et marquante entre les partis politiques, est celle qui s'établit entre les propriétaires de la rente foncière et ceux du profit du capital; car les premiers forment le noyau du parti conservateur, tandis que les derniers forment le parti libéral ou progressiste. En effet, comme la rente foncière s'élève grâce à l'immobilité et tend à

baisser par l'effet des progrès techniques, la classe qui la per-
çoit est essentiellement conservatrice, si ce n'est réactionnaire;
au contraire, comme le profit du capital s'accroît par les
progrès des arts et par la liberté, ses possesseurs sont naturellement favorables aux mesures libérales et démocratiques.
Voilà donc que les deux partis politiques, entre lesquels se
divise toute nation, s'appuyent sur une base tout à fait économique, et découlent d'une différence fondamentale des
revenus. Mais ces deux partis s'assimilent ensuite d'autres
éléments, qui n'ont pas assez d'importance ou de force,
pour s'ériger en partis autonomes. Les propriétaires des
capitaux improductifs, les banquiers, les spéculateurs, qui
ont tout à gagner par une politique monopoliste et aristocratique, vont grossir le parti conservateur, ou s'asseoir à
côté des propriétaires fonciers; tandis que les travailleurs
improductifs, qui profitent amplement de toutes les libertés,
s'agrègent dans leur grande majorité au parti libéral. De
cette manière, au parti conservateur, composé des agrariens
et des banquiers, vient s'opposer le parti libéral, composé des
manufacturiers et des travailleurs improductifs.

Si, au lieu de distinguer les revenus d'après leur qualité, on
les distingue d'après leur quantité, on trouve une base nouvelle des divisions politiques; car les gros rentiers s'ajoutent
naturellement au parti conservateur, ou bien à l'aile droite
du parti progressiste, tandis que les petits rentiers vont grossir
l'aile gauche de ce dernier parti. Parfois encore, surtout aux
époques de crise et de dissolution, les possesseurs des petits
revenus se détachent du parti libéral et vont former un troisième parti, le parti des pauvres et des déshérités. Mais en tout
cas ce parti est l'asile naturel de tous les hommes de peine,
qui n'ont pas d'autre source de gain que leurs bras.

Eh bien, dès que les classes économiques sont devenues

les bases d'autant de partis politiques, ou se sont orga-
nisées politiquement, la lutte économique se transforme en
lutte politique. La rente foncière et le capital improductif,
organisés en parti conservateur, luttent désormais contre le
profit du capital et le travail improductif, affublés de la
masque de parti libéral ; et tous se coalisent pour lutter
contre le petit revenu et le salaire, s'agitant sous l'étendard
vermeil du parti radical ou socialiste. Or, dès qu'elle se transforme en lutte politique, la lutte des revenus acquiert tout à
coup une importance et une gravité qu'elle ne pouvait pas
atteindre tant qu'elle se contenait dans des bornes exclusivement économiques ; car le revenu, qui s'empare du pouvoir,
peut se servir contre les revenus antagonistes de l'arme toute-
puissante de la loi et renforcer ses monopoles, ou se décerner
une supériorité triomphale sur les revenus rivaux, au moyen
de sanctions législatives absolues et irrésistibles.

La position, que viennent occuper sur l'échiquier politique
le salaire et les différentes espèces de revenus, a une influence
décisive sur la constitution politique. En effet, tant qu'une
forme spéciale de revenu a une prépondérance écrasante dans
l'organisme économique et dans l'organisme politique, il n'y
a pas de conflits ou de différends possibles et le revenu
régnant dispose à son gré des destinées de la société. Partant,
dans ces conditions, la forme du gouvernement est-elle nécessairement aristocratique. Toutefois, lorsque cette classe est
très nombreuse, ou dès qu'elle se sent menacée par quelque
puissance rivale, elle se voit contrainte de déléguer le pouvoir
politique à un seul homme, pour qu'il puisse apporter dans la
fonction politique la promptitude et la force qu'on ne peut
pas attendre d'un gouvernement à plusieurs têtes. Donc,
le résultat nécessaire de la prépondérance politique d'un
revenu particulier, réparti parmi beaucoup de possesseurs,

c'est la monarchie absolue. Et c'est bien là la base économique de la dictature de Cromwell et des deux Napoléon ; elle n'était que l'expression politique de la victoire et de la souveraineté des petits propriétaires et des menus rentiers sur les classes rivales des gros propriétaires et des capitalistes. Dès que, au contraire, les diverses formes du revenu sont parvenues au même degré de développement et se font mutuellement équilibre, la lutte politique s'engage entre elles dans toute sa violence et, partant, la forme de gouvernement devient tout à fait démocratique. Nous en avons un exemple frappant aux États-Unis, où l'équipollence absolue entre les deux revenus fondamentaux, la rente foncière et le profit manufacturier, qui triomphent alternativement dans les élections politiques, engendre le plus complet essor des institutions républicaines et de la liberté civile.

Ces phénomènes ne sont pas, il s'en faut, caractéristiques d'une époque déterminée ; ils se manifestent, au contraire, sous des traits substantiellement identiques aux âges et chez les peuples les plus divers. ΚαλοιΚαγαθοι grecs ou patriciens romains, seigneurs féodaux ou capitalistes modernes, les détenteurs de la souveraineté politique sont toujours les individus les plus riches ; et les eupatrides grecs luttant contre les manufacturiers et leurs prôneurs, les sénateurs romains contre les publicains, les seigneurs du moyen-âge contre les corporations de métiers, les lords anglais contre les fabricants, — ne sont que des aspects différents de la lutte éternelle entre les diverses espèces du revenu. Mais ce qui caractérise notre époque, ce qui distingue la lutte des classes contemporaine de celle qui se déchaînait aux âges ensevelis, c'est l'enceinte où elle se débat. Les personnages du drame sont toujours les mêmes ; mais dans les siècles passés ils jouaient leur rôle sur les champs de bataille, ou dans les conspirations et dans les tribunaux, tandis qu'aujourd'hui c'est dans les assemblées parlementaires qu'ils déploient leur action. Or, cette différence n'est que le produit des caractères spécifiques de la propriété contemporaine, ou de l'économie du salariat. En effet, aux âges passés, où le revenu n'imposait pas à ses propriétaires des soins assidus d'administration et d'accumulation, ceux-là pouvaient fort bien consacrer toutes leurs forces au gouvernement de l'Etat. Mais aujourd'hui les possesseurs du revenu, obligés de concentrer toute leur activité sur la direction de leurs comptoirs et de leurs fabriques, n'ont plus le temps de s'occuper directement de l'administration de l'état. De là la nécessité où se trouvent les propriétaires de charger d'autres hommes de la besogne législative et gouvernementale. Voilà donc l'origine du régime représentatif et parlementaire ; il n'est que le produit naturel et nécessaire de l'organisation actuelle de la propriété, ou de l'activité économique incessante qu'elle impose à ses possesseurs. Voilà pourquoi l'Angleterre, le premier pays où le système du salaire vint éclore, est aussi celui qui a institué avant tout autre le régime parlementaire ; tandis que l'Allemagne, endormie pendant plus longtemps dans les rapports économiques féodaux, n'a adopté qu'à un âge relativement avancé, et avec bien des restrictions, le système politique d'Outre-Manche.

Il va sans dire que les deux partis politiques vraiment influents, ceux qui se partagent le pouvoir et dont la lutte éternelle occupe seule l'enceinte politique, sont les deux partis issus du revenu, le parti conservateur et le parti libéral. Pour ce qui concerne le troisième parti, recruté parmi les rentiers minimes, les hommes de peine et les prolétaires, sa faiblesse économique même le condamne à une perpétuelle infériorité politique. Pendant longtemps, il a été exclu de par la loi de toute participation à la politique, et il a dû se borner à des interventions tumultueuses aux âges de crises et de révolutions. C'est de ce parti que s'alimentent, en effet, les insurrections plébéiennes, qui n'ont pas, il s'en faut, assez de force pour changer durablement l'état des choses, mais qui n'en causent pas moins des soucis aux partis de la propriété, et parfois les obligent à quelques concessions, ou mesures démocratiques. Mais en dehors des luttes intenses auxquelles il prend part dans toutes les époques exceptionnelles, le parti des humbles peut influer d'une manière indirecte sur la vie politique, en exploitant à son profit la guerre éternelle entre les deux partis fondamentaux de la propriété. En effet, chacun des deux partis, dans sa course empressée au pouvoir, s'efforce de se concilier le parti du travail, en lui promettant des réformes avantageuses aux classes les plus nombreuses et plus pauvres. Et c'est justement par l'effet de cette alliance entre l'un ou l'autre parti de la propriété et le parti du travail, que des gouvernements de propriétaires ont été parfois obligés de faire des lois favorables aux travailleurs ; c'est cela seulement qui fait que la législation de tous les peuples, au lieu de n'être que l'émanation de l'égoïsme et de la rapacité des propriétaires — ce que pourtant elle est toujours dans une si grande part — laisse parfois percer quelque inspiration bienveillante et charitable envers les gueux et les déshérités. De même que ce fut la rivalité entre les propriétaires et les plébéiens qui a rendu moins intolérable le sort des esclaves ; de même qu'au moyen-âge la guerre entre seigneurs laïques et ecclésiastiques a affranchi les villes, et le conflit entre les seigneurs et les villes a brisé les chaînes des artisans les plus humbles — de même, à notre âge, le conflit parlementaire entre la propriété foncière et le capital est la source secrète, d'où viennent jaillir toutes les réformes législatives avantageuses aux classes ouvrières. En tout cas le schisme économique et politique de la propriété, c'est la brèche providentielle par où le parti du travail parvient enfin à passer, en traînant à sa suite la réforme et le progrès.

Mais en dehors du cas où la propriété est obligée à des concessions aux classes pauvres par l'action dissolvante de ses luttes intérieures — elle ne se soucie aucunement du sort des travailleurs et ne persiste pas moins à exploiter le pouvoir politique dans des buts égoïstes de gain et d'expansion. — Partout, en effet, les différentes explications du pouvoir ne sont pas autre chose que l'émanation des intérêts économiques de la classe propriétaire toute puissante. Si nous considérons avant tout la politique financière nous pouvons constater tout d'abord les proportions vraiment énormes qu'ont atteintes chez tous les peuples modernes les impôts indirects, frappant plus cruellement les classes pauvres, tandis que les impôts directs, au contraire, se développent fort lentement et n'occupent aucune place définitive ni considérable dans le système tributaire, jusqu'au moment où le salaire, descendu au *minimum*, ne supporterait pas de taxation ultérieure. Dans maints États, par exemple en France, l'impôt sur le revenu, proposé plusieurs fois, n'a été jamais adopté, quoique la science ait démontré depuis longtemps que c'est là le seul impôt vraiment équitable. Et en même temps on ne veut pas d'impôt progressif, d'impôt sur les successions ou sur les négociations de bourse ; et lorsque le cas de dépenses extraordinaires se présente, les États n'ont pas recours aux impôts directs extraordinaires qui frapperaient les riches, mais bien aux dettes, qui sont une source intarissable de revenus pour les capitalistes, pour les banquiers et dont les intérêts sont payés au moyen d'impôts indirects, c'est-à dire, surtout par les

8

travailleurs. Eh bien, tout cela n'est que l'effet de la toute
puissance de la propriété, qui, s'étant emparée du pouvoir,
l'exploite à son exclusif avantage.

La politique intérieure n'est pas moins évidemment inspirée
par l'égoïsme des propriétaires. Considérons, par exemple,
l'œuvre de l'État dans le domaine de l'instruction. D'après
Adam Smith, l'État devrait pourvoir à ses frais à l'instruction des pauvres, en laissant aux riches le soin de pourvoir à
l'instruction de leurs fils. Mais les États modernes suivent le
système opposé; ils consacrent des sommes imposantes à l'instruction classique et supérieure, dont la bourgeoisie seule
profite, tandis qu'ils délaissent l'instruction populaire et parfois en arrivent aussi à l'entraver, dès qu'elle pourrait entacher
les revenus de la propriété. C'est là un fait qui se produit surtout là où domine la richesse foncière, qui n'a pas d'intérêt à
l'instruction des travailleurs; et on a vu, en mars 1899, le
Landtag prussien exonérer les paysans de l'obligation de fré-
quenter les écoles champêtres pendant l'été, afin de parer à la
rareté croissante de la main-d'œuvre agricole. Au contraire,
avec l'avènement au pouvoir de la classe industrielle, qui a
tout intérêt à ce que ses ouvriers soient experts et cultivés, on
remarque une diffusion soudaine de l'instruction populaire
et technique; mais toujours en tant que celle-ci est avanta-
geuse à la classe capitaliste et en augmente les revenus. Et
de même — les dépenses de l'État pour encourager les
arts, pour l'armée et la marine, les travaux publics, la
justice civile, la bienfaisance, ne reviennent-elles pas, directement ou indirectement, au profit de la classe capitaliste?
Mais le monopole capitaliste du pouvoir se révèle avec autant
d'évidence dans la façon, dont on administre ces fonc-
tions publiques, qui abstraitement sont appelées à satisfaire
aux besoins de toutes les classes de la société. Par exemple,

l'exemption partielle de la classe riche du service militaire n'est que le résultat de sa toute-puissance politique ; la sévérité constante du jury vis-à-vis des délits contre la propriété, par opposition à son indulgence immuable envers les crimes contre les personnes, trahit la prépondérance de la bourgeoisie dans l'administration de la justice. Enfin, la classe capitaliste parvient à obtenir une large exemption de la peine. car, comme le dit La Fontaine :

> Selon que vous serez puissant ou misérable,
> Les jugements de Cour vous rendront blanc ou noir.

et désormais, de même qu'il y a une criminalité riche et une criminalité pauvre, il y a une pénalité capitaliste et une pénalité prolétarienne. « Aux États-Unis, dit Henry George, si un homme veut en tuer un autre, il peut fort bien le faire ; après, il confesse son crime et il va en prison, mais, avec de l'argent, il obtient en général un verdict d'acquittement. » Dans un des Etats de l'Ouest de l'Amérique, un juge s'était fait une règle d'absoudre tous les meurtriers les plus riches ; et il ne renonça à ce système que lors qu'on lui eut dit que l'indulgence envers les homicides, en décourageant l'immigration, faisait baisser la valeur des terres. Un personnage éminent nous assurait qu'en Italie, les prisonniers les plus riches sont délivrés après un ou deux mois de prison, — lorsqu'ils ne sont pas tout bonnement acquittés par défaut de preuves. Et on pourrait multiplier les exemples d'un fait universel.

Enfin, le capital n'a pas une influence moins décisive sur la politique extérieure, qu'il dirige, façonne, organise et modifie à son gré et à son profit. Alliances, guerres, conquêtes. unifications nationales, tous ces grands événements, qui remplissent de leur éclat l'histoire politique des peuples, et où les maîtres de toutes les écoles et de toutes les académies voient l'effet des sentiments classiques de patriotisme et d'honneur national, ou bien des exigences suprêmes de l'équilibre européen, viennent dévoiler à la critique de l'historien économiste toute leur nudité effrayante, ou se révèlent à lui comme l'émanation de l'égoïsme capitaliste. C'est le capital qui a imposé à la Grande-Bretagne l'alliance avec les Flandres. qui offraient le plus grand débouché aux laines anglaises; à Gênes, l'alliance avec l'empereur d'Allemagne, qui avait emprunté chez ses banquiers; à la France contemporaine, l'alliance avec la Russie. C'est la propriété le démon infernal qui organise les croisades : c'est la propriété féodale, qui, en voyant baisser ses revenus et en espérant se rattraper quelque part, se précipite avec fureur à la conquête des trésors de la Syrie. C'est le capital qui, au moyen âge, allume les guerres entre les villes républicaines, entre Pise et Gênes, entre Gênes et Venise, entre la ligue hanséatique et les États du Nord de l'Europe, pour la conquête des marchés de la mer Noire et de la mer Baltique, de l'Archipel, de la Syrie et de l'Egypte. C'est la propriété et ses intérêts économiques, qui entraînent la France et l'Angleterre dans la guerre de Sept-ans pour la conquête des colonies et du marché universel, — ce sont eux qui ont entraîné l'Angleterre dans la guerre de l'opium contre la Chine, qui ont poussé la France révolutionnaire à la conquête de l'Italie. La conquête française de Madagascar ne vise pas d'autre but qu'à contraindre cet État au payement des intérêts de la dette qu'il a contractée avec la Haute Banque parisienne et en particulier avec le Comptoir d'Escompte. Ce sont les possesseurs français de la dette tunisienne et les possesseurs anglais de la dette égyptienne qui poussent la

France et l'Angleterre à faire de ces pays-là deux dépen-
dances. Et même la révolte des Égyptiens contre la domination anglaise, intronisée de cette manière, vient de nouveau
se briser contre la loi de fer des rapports économiques, car
la victoire achetée de Tell-el-Kebir est le triomphe le plus
éclatant que la richesse ait jamais remporté sur les champs
de bataille.

Enfin, c'est le capital qui a inspiré le grand exploit de la
bourgeoisie aux XVIIIe et XIXe siècles, la création des États
nationaux. En Italie, en Allemagne, dans l'Amérique du
Nord avant la fédération, le capital se sent gêné par la
multitude des états, parmi lesquels est morcelée la nation,
et qui entraîne avec elle une foule de douanes intérieures, de
tracasseries policières, de monnaies et d'impôts différents,
qui, enfin, contient l'essor économique et capitaliste dans des
ornières intolérables. Eh bien, c'est le désir, le besoin de
briser ces barrières, de s'affranchir de ces chaînes, qui pousse
le capital à la grande œuvre des unifications nationales ; et,
il faut le dire à son honneur, il a accompli bravement sa
tâche, en défiant une masse énorme d'entraves, de sacrifices
et de dangers. Il est donc très digne, par la grandeur de son
œuvre, de même que par l'éclat de ses victoires, de cette
couronne de gloire, que l'histoire et la littérature ont décernée
aux triomphateurs. Mais il n'en reste pas moins vrai que le
ressort, qui a provoqué le mouvement patriotique, n'est
autre chose que l'égoïsme, ou l'intérêt économique de la
propriété. On nous dira que c'est là dépoétiser l'histoire ;
on nous répétera le mot de notre éminent et regretté ami
Emile de Laveleye — que notre théorie aboutit à dégrader
l'espèce humaine, en nous la montrant comme uniquement
influencée par le sordide intérêt matériel. Mais ce sont là des
considérations esthétiques qui ne parviendront pas à nous

détourner de ce que nous croyons être le vrai. D'ailleurs, en considérant ainsi la chose à un point de vue purement esthétique, notre théorie nous permet d'admirer encore une fois l'étonnant génie de la nature, qui, par les moyens les plus humbles et rebutants, parvient aux résultats les plus nobles et plus purs. De même que les parfums les plus enivrants sont formés par les substances les plus impures et fétides, de même ces créations sublimes de notre âge que sont les nations libres et unies, ces créations cimentées par le sang de tant de martyrs, qui ont inspiré tant d'artistes, charmé tant de cœurs et ému tant d'esprits, ont leur origine dans les sources les plus troubles et infâmes du sordide intérêt économique.

Voilà de quelle manière les manifestations les plus diverses de la politique viennent découler tout naturellement de l'existence des classes économiques, des luttes qui s'engagent entre elles, de la prépondérance des unes sur les autres. Voilà dans ses grandes lignes la théorie économique de la constitution politique, théorie qui a eu autant de succès dans le monde des faits, qu'elle a essuyé d'échecs dans le monde des facultés et des académies.

D'un côté, en effet, les bourgeoisies contemporaines semblent s'être imposé la tâche de multiplier les documents vivants, les pièces justificatives de cette thèse. Et, on peut bien le dire, jamais, pas même aux âges les plus obscurs et barbares, la toute-puissance politique de la propriété ne s'est donné plus libre carrière qu'aujourd'hui; jamais le gouvernement n'a été une incarnation plus palpable et évidente de l'idée éternelle du matérialisme historique. Mais cette propriété, qui façonne les gouvernements à son image et à son gré, s'emporte contre la théorie qui ose dénoncer sa tyrannie. Elle foule aux pieds et brise impitoyablement ce luisant miroir, où viennent se réfléter, avec tant de netteté, ses fautes et ses crimes ; et jamais les partisans du matérialisme historique n'ont été autant combattus et poursuivis que de nos jours. Bien plus : ce sont précisément les pays où la domination politique de la propriété est plus inique et plus révoltante, ce sont justement ces pays qui s'emportent avec plus de violence contre la théorie économique du pouvoir, qui en écrasent les partisans de tout le poids du mépris philosophique, littéraire et sacerdotal et ne cessent pas de les bannir de la chaire et de la tribune, de les honnir et pourchasser.

C'est là d'ailleurs un obstacle tout à fait matériel qui ne saurait pas décourager les esprits soucieux de vérité. Et je puis dire avec orgueil, que, nonobstant ces oppositions officielles, les esprits les plus brillants et profonds poursuivent à présent opiniâtrement leurs recherches dans ces champs féconds du matérialisme historique, où les épis s'épaississent sous la faux du moissonneur et lui promettent des lauriers triomphants dans un avenir très prochain.

HUITIÈME LEÇON

La réforme sociale

Tous ceux qui suivent avec quelque attention le développement réel des réformes sociales et les études qui le concernent, se trouvent en face de deux théories diamétralement opposées.

D'après quelques penseurs, la réforme sociale n'est que l'émanation naturelle de la philanthropie des classes dirigeantes. Pendant plusieurs siècles, nous dit-on, les classes riches, avilies par l'ignorance et la barbarie, se sont livrées à toutes sortes de coupables excès contre les pauvres et les travailleurs. Mais dans les derniers temps, grâce à la diffusion des sentiments de pitié et surtout à l'influence grandissante de la foi, les classes puissantes en sont venues enfin à éprouver un sentiment de commisération vis-à-vis des malheureux; et, en cédant spontanément aux impulsions irrésistibles du cœur, sans y être obligées par des contraintes matérielles ou par l'aiguillon moins avouable de la peur, elles ont inauguré une série lumineuse de mesures bienfaisantes pour les pauvres et les abandonnés. Pourtant, d'après cette doctrine, la classe ouvrière serait tout à fait étrangère et irresponsable des lois promulguées pour son avantage, qui auraient été provoqées, à son insu, par la libéralité des classes privilégiées. Or, la conclusion qu'on doit tirer de tout cela, c'est que les progrès futurs de la réforme sociale ne seront pas l'effet de l'action organisée des classes populaires, mais du progrès des idées morales et religieuses chez les classes propriétaires.

C'est là la thèse qui a été défendue en Italie, avec autant de talent que d'éloquence, par M. Luzzatti, et qui se retrouve, parée de tout le fouillis de l'érudition, dans l'ouvrage de M. Kidd, sur l'évolution sociale.

Mais à cette théorie il vient s'en opposer une autre tout à fait contraire. La réforme sociale — dit cette deuxième théorie — au lieu d'avoir été gracieusement octroyée par les classes propriétaires mues par des sentiments de pitié, a été arrachée à ces classes, maîtresses du gouvernement, par la pression ouvrière toujours plus menaçante. Tant que les ouvriers sont faibles et divisés et les propriétaires compacts et puissants, ceux-ci ne font pas de concessions aux premiers, mais s'efforcent de les exploiter à tout prix dans un but exclusivement égoïste. Mais le moment vient où les ouvriers, associés dans la fabrique même par la coopération et la machine, se lient au dehors en fédérations disciplinées; et celles-ci, en organisant des émeutes et des grèves, portent la terreur et le bouleversement dans les sièges de la magnificence. D'ailleurs, tandis que la classe ouvrière, divisée jusqu'ici, s'unifie et s'organise, la classe propriétaire, compacte jusqu'ici, vient se diviser; car la propriété de la terre et celle du capital, longtemps concentrées dans les mêmes mains, se séparent, au fur et à mesure que la population s'épaissit et que s'élève la rente foncière, et deviennent l'apanage de deux classes différentes, qui donnent lieu à deux partis économiques et politiques antagonistes. Or, la scission qui vient se produire de cette manière dans la classe régnante, la rend moins capable d'une résistance énergique aux revendications prolétariennes, bien plus, l'oblige à faire au peuple des concessions toujours plus considérables. Car chacune des deux fractions de la dite classe, pour vaincre la fraction rivale, est contrainte de mendier l'alliance de la classe populaire et, pour la captiver, doit prôner des mesures démocratiques et rénovatrices. Voilà donc les vrais facteurs de la réforme sociale. Elle n'est qu'une production naturelle et nécessaire de la compacité et de l'organisation des classes prolétaires qui se renforcent, et de la désunion de la classe riche qui s'affaiblit; c'est le résultat mécanique du développement économique qui modifie la force relative des diverses classes et permet aux vaincus d'hier de s'imposer aux triomphateurs. Et partant si l'on veut solliciter les progrès ultérieurs de la législation démocratique, il faut organiser vigoureusement les travailleurs des deux mondes en fédérations toujours plus compactes et plus imposantes.

On voit bien qu'entre les deux doctrines il y a incompatibilité absolue, mutuelle exclusion. Je pense que M. Fogazzaro lui-même, qui parvint à réconcilier pendant un jour les haines séculaires de Darwin et de saint Augustin, serait incapable de trouver un moyen terme quelconque entre ces deux théories. Tout compromis entre elles est impossible. Il faut se résoudre pour l'une ou pour l'autre.

Pour laquelle des deux?

On voit dès l'abord que la première théorie est entachée d'une erreur logique fondamentale. En effet, si vraiment les classes riches sont animées de sentiments philanthropiques, qui les poussent à soulager le sort des ouvriers, pourquoi donc demande-t-on, pourquoi promulgue-t-on une législation sociale? Pourquoi des lois restrictives de la durée du travail, de l'emploi des femmes et des enfants dans les fabriques, des abus des patrons dans le paiement des salaires? Mais l'existence de ces lois est par elle-même la preuve la plus sûre de la tendance irrésistible des classes propriétaires à exploiter les travailleurs et le démenti le plus brutal de cette bien-veillance spontanée des riches envers les pauvres que cette doctrine vient nous célébrer.

Mais laissons de côté les arguments de la logique, dont bien des gens aujourd'hui ne veulent pas, et adressons-nous aux faits.

Combien de choses l'histoire des rapports entre le travail et la propriété ne saurait-elle nous dire sur la philan-thropie des riches à l'égard des pauvres! Je ne fais point allusion à la cruauté trop de fois dénoncée des patriciens romains envers leurs esclaves; car c'est par trop commode que de faire le moraliste aux dépens de l'antiquité et, d'ail-leurs, on peut toujours dire que les anciens n'avaient pas encore subi l'influence moralisatrice de la foi chrétienne. Mais le seigneur féodal, qui vit désormais en plein christia-nisme et professe publiquement une religion d'amour, n'hésite pas à museler le serf qui moud son blé, pour empêcher qu'il porte à sa bouche une poignée de farine; il n'hésite pas, lui, à faire battre à sang les femmes et les enfants qui se refusent aux travaux les plus fatigants, ou à les faire mutiler barbare-ment pour se donner le spectacle de leur grotesque diffor-mité. Mais en observant aussi l'âge moderne, nous savons bien à quoi nous en tenir sur la pitié des classes dominatrices envers les pauvres et les travailleurs.

En Angleterre, à la fin du XVIIIe siècle, lorsque les ouvriers sont isolés et la propriété formidable et com-pacte, on inaugure cette traite des enfants qui est le prologue monstrueux de l'industrie capitaliste contemporaine. Les

belles et romantiques vallées du Derbyshire deviennent le
théâtre des crimes les plus atroces perpétrés par les manufacturiers, qui déchaînent leurs chacals dans les régions les plus
éloignées, avec la mission d'y voler les enfants pour le travail
des fabriques. Des chars entiers d'enfants sont traînés des
lointaines prairies aux fabriques de Londres et du pays de
Galles. Et dès que les portes de la manufacture se resserrent
sur l'enfant violemment emporté, adieu jeux charmants de
l'âge printanier, vie riante des champs et joyeux tapage avec
les remuants camarades ! Au lieu de tout cela, la grise et morne
atmosphère de la fabrique. le bruit assourdissant des bobines.
la poussière, l'humidité et la puanteur ; tout cela doublé d'un
travail spasmodique, qui déforme les frêles membres des
enfants et en arrête le développement. Des enfants de quatre
à cinq ans sont obligés au travail en les liant à la chaise ; et
lorsque la faim les fait tordre désespérément sur leur siège de
douleur, le fouet les contraint à l'obéissance. Pour que les
enfants n'abandonnent pas le métier, pas même pendant leur
pauvre repas, celui-ci leur est embouché, pendant qu'ils travaillent, par les parents, ou les surveillants agenouillés. Ce
sont là de sombres horreurs, qui dictaient à Victor Hugo
ces vers émouvants :

> Travail mauvais, qui prend l'âge tendre dans sa serre,
> Qui produit la richesse en créant la misère,
> Qui se sert d'un enfant ainsi que d'un outil,
> . . . .
> Que ce travail, haï des mères, soit maudit.

Et la malédiction ne tarde pas à frapper, avec cette fatalité
inexorable qui foudroye tout outrage aux lois de la nature,
et la mort sévit bientôt sans frein parmi les rangs de l'enfance
martyrisée. Au début du siècle passé, en Angleterre, de

4,000 enfants qui entrent dans les manufactures, il n'en survit que 600 à l'âge de 30 ans. Bien plus. Tandis qu'Esquirol, dans son *Traité des maladies mentales*, dénonçait, comme un cas extraordinaire, le suicide d'un enfant de 13 ans, dû à la lecture de Rousseau, avec la diffusion de la grande industrie, les suicides des enfants âgés de moins de 10 ans deviennent de plus en plus fréquents. Enfin, l'exploitation capitaliste de l'enfance devient si éhontée, qu'elle arrache à Fielden, manufacturier lui-même, ces mots terribles : « Le profit du capital est acheté par la mort de l'enfant; notre prospérité industrielle est fondée sur l'infanticide ».

Voilà donc à quoi se réduisent les bienveillances de la classe capitaliste envers la classe travailleuse, tant que celle-ci est inerte et isolée, tant que celle-là peut donner libre carrière à ses usurpations. Mais il ne suffit pas que le capital se refuse à toute largesse envers les ouvriers; l'état lui-même, le représentant suprême de la justice sociale, s'abstient de toute intervention en faveur du travailleur. Au début du XIXe siècle, en Angleterre, il n'y a pas même de loi efficace pour la protection des ouvriers; et même la loi sur le travail, approuvée par le Parlement en 1802, n'est qu'une feinte, car elle ne crée pas un nombre suffisant d'inspecteurs qui en assurent l'application. En 1808, Sheridan propose une loi visant à limiter le nombre des enfants employés dans les fabriques; mais sir Robert Peel, le père du célèbre ministre, dont les manufactures regorgent d'enfants, s'oppose victorieusement au projet. Bien plus, le Parlement abolit d'emblée toutes les anciennes lois opposant quelque barrière aux abus des capitalistes. Et ceux-ci, avec l'impudence sympathique, disons-le, qui distingue les hommes d'autrefois et qui offre un contraste si frappant avec la fausseté onctueuse de nos contemporains, n'hésitent pas à faire cadeau d'une somptueuse vaisselle d'argent au député Ouslow, en témoignage public de leur gratitude pour son éloquent plaidoyer en faveur de la propriété.

Mais, sur ces entrefaites, le fondement économique, sur quoi repose l'inertie de la loi britannique, devient moins sûr et chancelle. D'une part, l'exploitation systématique des ouvriers, en épuisant progressivement les jeunes générations, menace l'intégrité et la persistance du facteur humain de la production et, par là même, la continuité des revenus capitalistes. D'autre part, les classes ouvrières, jusqu'ici inertes et abruties, comprennent enfin la nécessité de s'organiser pour leur propre protection, et, dès lors, se forment les premières ligues ouvrières. Sans doute, à leurs débuts, elles présentent une allure indisciplinée et presque anarchique ; mais leur constitution n'en fait pas moins comprendre aux capitalistes qu'ils n'ont plus au-dessous d'eux un troupeau timide, toujours prêt à se laisser tondre, mais bien une phalange compacte de forces humaines, conscientes de leurs droits et disposées à les faire valoir. Les émeutes de 1830 dénoncent, à la lueur des fabriques incendiées, le sombre mécontentement qui gronde parmi les populations travailleuses du royaume. Or, sous la pression de ces classes menaçantes, le Parlement anglais se voit enfin forcé de rendre efficace la loi sur le travail, en créant les institutions et les fonctionnaires qui en assurent l'application ; et de cette manière, la loi purement platonique de 1802, après 31 ans de demi-sommeil, se transforme en la loi vraiment efficace de 1833. Mais la réforme sociale ainsi commencée est poursuivie ultérieurement grâce au conflit, qui vient se déchaîner entre la propriété foncière et le capital manufacturier. En effet, à cette époque, les industriels, formant le parti libéral, avaient organisé une formidable campagne contre les droits sur les blés, que l'aristocratie foncière s'était généreusement octroyés ; ils avaient organisé cette campagne, non pas par philanthropie — il s'en faut — mais tout bonnement parce que les droits sur les blés, en renchérissant les vivres, faisaient hausser les salaires en argent, et par là, constituaient une charge pour les manufacturiers. Or, vis-à-vis de cette agitation, qui menaçait hardiment leurs privilèges les plus chers, les propriétaires se livraient à leur tour à une agitation de représailles contre les fabricants, en leur reprochant de contraindre leurs ouvriers à un travail épuisant, d'enchaîner au char de l'industrie les femmes et les enfants. Et, chaque année, à la Chambre des communes, tandis que le fabricant Villiers proposait l'abolition des droits sur les blés, un propriétaire foncier, lord Ashley, invoquait la législation de fabrique. Or, cette bataille entre les deux fractions de la classe régnante fut le salut du travailleur anglais, qui obtint en même temps l'abrogation des droits sur les blés — en 1846 — et la loi sur le travail, la célèbre loi des dix heures qui entra en vigueur le 1er mai 1848.

Ce n'est là, d'ailleurs, que le premier acte du drame mémorable qui, dès cette époque, se déroule majestueusement en Angleterre sous le double aiguillon de la fédération du travail et du schisme de la propriété. Déjà les unions ouvrières, jusqu'alors raillées et méprisées par les classes cultivées, obtiennent à ce moment l'appui de quelques-uns de leurs membres. En 1861, on voit pour la première fois des jeunes avocats ou hommes de lettres entrer en lice en faveur des ouvriers, tandis que s'accroît le nombre des prêtres qui s'allient aux travailleurs. Mais les Trades Unions se fortifient encore plus, en pactisant ouvertement avec l'un ou l'autre des deux partis de la propriété. En 1871, la coalition des Trades Unions avec le parti conservateur assure à celui-ci le triomphe dans les élections générales et lui donne le pouvoir, en obtenant en échange l'abrogation de ces terribles *clauses criminelles* qui entravaient l'activité des Ligues et que le ministère libéral Gladstone s'était refusé d'abroger. Et ce fut l'alliance des ouvriers avec le parti conservateur qui fit passer les lois sur les entrepreneurs et ouvriers, sur la navigation, sur l'hygiène, sur les habitations ouvrières, sur les banques et les sociétés par actions, enfin les nombreuses et bienfaisantes mesures visant la protection des ouvriers de fabrique ; de manière que M. Chamberlain n'hésita pas à affirmer que toutes les réformes législatives, avantageuses aux classes pauvres de l'Angleterre, ont été dues à l'initiative du parti conservateur, ou à son alliance avec le parti populaire. C'est là toutefois une affirmation à laquelle on ne saurait pas souscrire complètement, car bien des fois l'alliance se forme, au contraire, entre les ouvriers et les libéraux. Et c'est à cette alliance que l'on doit les lois sur la durée des baux, sur l'instruction du peuple, sur les mines, etc. De cette manière, sous l'action des coalitions passagères entre le travail et l'une ou l'autre fraction de la propriété, la réforme sociale vient éclore en Angleterre et déployer ses ailes bienfaisantes sur une multitude toujours plus considérable d'humbles et de déshérités.

Mais un fait vraiment caractéristique, qui éclaire d'une lumière tout à fait imprévue cette législation, c'est que les ouvriers protégés par la loi ne sont pas les plus pauvres, mais, au contraire, les plus influents et les mieux pourvus. Par exemple, les seules ouvrières dont le travail ne peut pas dépasser, de par la loi, 56 1/2 heures par semaine, sont les ouvrières de l'industrie textile, qui jouissent d'une certaine aisance. Les industries protégées par les lois sur les accidents ou sur l'hygiène du travail, ne sont pas celles qui en ont le plus grand besoin, mais celles dont les ouvriers possèdent

9

des ressources, qui les mettent à même de payer des techniciens et des juristes. Au contraire, l'industrie domestique, dont les ouvriers sont faibles et isolés et dont les taudis obscurs échappent à la surveillance des inspecteurs du gouvernement, est, en Angleterre même, le théâtre des cruautés les plus abominables envers les travailleurs. A la même époque, un journal conservateur de Londres n'hésite pas à nous affirmer que la vie des institutrices, qui ne sont pas protégées par une Trade Union, n'est qu'un martyr incessant. Enfin cette race anglo-saxonne, qui fait de si grandes concessions à ses ouvriers organisés, n'a plus de scrupules, dès qu'elle a affaire aux ouvriers ignorants et dispersés des colonies — de la colonie du Cap, par exemple, d'où on nous rapporte que les mineurs nègres sont contraints bien des fois d'avaler des purgatifs ordonnés officiellement, afin que les argousins, qui les veillent jour et nuit, armés de revolvers, puissent contrôler *de visu* s'ils ont englouti quelque diamant.

Or, tous ces faits viennent nous démontrer que la réforme sociale n'est pas l'émanation spontanée de la pitié capitaliste, mais le produit de la force des classes ouvrières, qui leur permet d'arracher à la bourgeoisie, divisée en fractions antagonistes, des concessions toujours croissantes. Par cela même, cette réforme n'éclot qu'au moment où l'organisation de la classe prolétaire et la division de la classe propriétaire ont atteint un certain degré d'intensité. Et c'est pour cela même qu'elle n'étend pas ses faveurs aux couches les plus faibles de la population, mais les réserve toutes pour les classes les plus fortes, qui, seules, parviennent à s'imposer.

Mais considérons, à présent, un pays où la classe ouvrière n'est pas organisée et la classe propriétaire pas divisée — l'Italie. En Italie, il n'y a pas de ligues ouvrières très puissantes, ni de séparation marquée entre les propriétaires de terres et les capitalistes industriels ; car, dans quelques provinces, ceux-ci n'existent pas et, dans les autres, ils préfèrent se coaliser avec les propriétaires, au lieu d'en attaquer les privilèges. Eh bien, dans ces conditions, qui excluent toute possibilité d'une imposition victorieuse des lois sociales de la part des classes ouvrières alliées avec une fraction de la propriété, quel est donc le spectacle qui se déroule sous nos yeux ? Peut-être le spectacle édifiant d'une série de lois, protectrices de la classe pauvre, accordées spontanément par le capital ? Ou bien l'autre, encore plus édifiant, de la bienheureuse cessation de toute exploitation des classes travailleuses et de la réduction spontanée de la durée du travail dans des bornes raisonnables et justes ?

Je ne veux pas puiser dans les productions les plus marquantes de la littérature sensationnelle quelques-unes des peintures qu'elle nous a données de la vie de nos classes travailleuses. Il me suffira d'en esquisser quelques traits très rapides. En Italie, la durée du travail excède la mesure normale chez les autres nations et arrive à treize, quatorze, quinze heures. De plus, dans plusieurs fabriques, on abuse du travail de nuit. A Turin, par exemple, il y a des fabriques où les femmes et les enfants sont parfois contraints de travailler depuis 1 heure et demie de l'après-midi du samedi jusqu'à 11 heures du matin suivant. En Italie, l'exploitation industrielle des femmes atteint des proportions si énormes qu'elle donne lieu à un fait statistique très remarquable. En effet, tandis que dans tous les pays civilisés la population féminine excède la population masculine, en Italie (et en maints autres pays plus barbares, tels que la Bosnie et l'Herzégovine) c'était l'inverse, encore en 1881 ; et c'est là l'effet de la plus grande mortalité qui frappe les femmes italiennes, à cause du travail épuisant dont on les accable. Pour ce qui touche le travail des enfants, il me suffit de rappeler le rapport du conseil sanitaire de Caltanisetta sur les jeunes ouvriers des soufrières siciliennes : « On les contraint de se charger de paniers pleins de soufre brut et de monter ainsi surchargés, après avoir parcouru de longues routes souterraines, des échelles escarpées et d'autres avec des degrés mal fixés dans la roche. Et c'est à briser le cœur que de voir ces enfants pleurants et râlants, monter, comme des esclaves achetés, ces échelles longues et dangereuses, avec une charge trop lourde pour leurs frêles membres, pieds nus et mal vêtus, et sortir essoufflés de ces fosses et jeter accablés dans la plaine ce lourd fardeau. Vainement les malheureux enfants prient-ils de ne pas trop les charger ; car les *picconieri*, leurs maîtres, parfois par avidité, parfois à cause du mince profit qu'ils parviennent à gagner, ne les écoutent pas et en viennent maintes fois à leur donner des coups de pied ou de bâton, pour les obliger à porter la cargaison entière. Les moyens dont se servent les entrepreneurs pour obliger ces enfants au transport du soufre, sont avant tout les pinçons les plus cruels, qui laissent dans la chair des taches livides et des empreintes pendant plusieurs jours ; enfin, si ces moyens ne suffisent pas, ils brûlent, ou ils font brûler par leurs commis, au moyen de lampes allumées, les mollets des pauvres enfants, jusqu'à produire des brûlures et des écorchures douloureuses. »

Il n'est que juste d'ajouter que les plus nobles esprits de l'Italie ont courageusement protesté contre ces infamies. L'Italie aussi eut ses Carlyle, ses Ruskin, ses Toynbee, qui dénoncèrent les abus du capital, et invoquèrent des lois pour les limiter. Mais si en Angleterre les apôtres des lois sociales, secondés par la puissance du prolétariat et par le schisme de la propriété, parvinrent à triompher — nos apôtres rencontrèrent une résistance invincible dans la coalition de toutes les fractions de la propriété, qui s'opposèrent à toute législation protectrice du travail, ou arrivèrent à la rendre tout à fait dérisoire. La loi italienne du 26 février 1886 est plus inefficace aussi que la loi anglaise de 1802 ; car celle-ci ne créait, c'est vrai, qu'un trop petit nombre d'inspecteurs qui en assuraient l'application, mais notre loi oublie tout à fait de pourvoir à cette nécessité. Aujourd'hui, tandis que l'Autriche a 40 inspecteurs du travail, l'Angleterre 65, la France 90, la Russie 137, il n'y a pour surveiller les fabriques et les usines de toute l'Italie, des Alpes aux côtes de la Sicile, que trois seuls inspecteurs ! Et après cela peut-on s'étonner de la violation systématique de nos lois sur le travail? Pourtant nous en sommes là, l'Italie n'a pas de loi pourvoyant sérieusement à la santé et à l'intégrité physique de ses enfants travailleurs. Bien plus, de toute cette admirable législation pour la protection des pauvres, qui a atteint un essor si marquant chez tous les peuples civilisés, il n'y a pas de trace chez nous, hormis quelques fragments insignifiants, plagiat des institutions étrangères, qu'on veut violemment transplanter sur le sol italien.

C'est ici, en effet, que nous apparaît un contraste intéressant. Dans les pays où la classe prolétaire est compacte et la classe propriétaire divisée, et qui partant offrent les conditions les plus favorables à la formation des lois sociales, celles-ci se développent harmoniquement, avec ordre, en pourvoyant avant tout aux besoins les plus urgents des classes pauvres et en veillant plus tard à satisfaire aux besoins moins pressants. En Angleterre, par exemple, le pays typique à cet égard, le premier but que le législateur se proposa dans son œuvre sociale, fut d'abroger les droits sur les objets de consommation les plus nécessaires ou d'assurer, comme l'on disait, le *free breakfast*, le déjeuner exempt d'impôts. Dans ce but, l'on supprima les droits sur les blés et on en vint à dégrever de tous les impôts les consommations du peuple. C'est là l'œuvre providentielle et féconde, qui couronna de lauriers Huskisson, Peel et Gladstone. Ayant assuré de cette manière à l'ouvrier le pain quotidien, le législateur anglais s'adonne à améliorer les conditions de son travail, ou bien à ménager ses forces ; et dans ce but l'on promulgue toute une série de lois réglementant la durée du travail et l'emploi des femmes, d'abord dans les fabriques, plus tard aussi dans les usines ; on multiplie les règlements pour la protection des ouvriers des mines et des industries dangereuses ou insalubres ; et c'est de cette manière que se forme cet ensemble de lois protectrices des faibles, que l'Angleterre contemporaine peut opposer triomphalement au droit égoïste de l'ancienne Rome. Enfin, le législateur anglais s'adresse à ceux qu'une vieillesse précoce, ou la maladie, rend incapables de travailler, ou aux victimes d'accidents du travail, et il s'efforce d'assurer une pension à ces malheureux ou à leurs familles. Donc, abrogation des droits sur les objets de première nécessité, réglementation légale du travail, pensions aux vieux, aux invalides, aux victimes du travail industriel, voilà les trois phases successives traversées par la législation sociale du Royaume-Uni, voilà la série rationnelle et ordonnée de ses sanctions rédemptrices.

Mais que les choses se passent autrement en Italie ! La première des trois réformes démocratiques de l'Angleterre n'a pas de pendant chez nous, — il s'en faut ! Nos législateurs au lieu de viser à la réduction du prix des objets les plus nécessaires, se sont toujours efforcés de les renchérir, en élevant obstinément les droits qui les grèvent ; et aujourd'hui, en fait de droits sur la famine, notre pays n'est dépassé que par l'Espagne et le Portugal, ce qui est beaucoup dire. D'ailleurs nous venons de voir qu'en Italie il n'y a pas de lois sérieuses pour la protection des travailleurs. Donc les deux premiers actes de la trilogie législative du Royaume-Uni n'ont pas de pendant en Italie. Mais, chose singulière! le troisième acte du drame, qui, en Angleterre, se développe seulement très tard et sans bruit — eut en Italie une mise en scène théâtrale et les bruyants applaudissements des galeries. En effet, on se souvient de l'enthousiasme, qui couronna chez nous la loi sur les accidents en 1898 et la loi postérieure sur les pensions aux vieux et aux invalides. C'est tout à fait comme cela. Ce qui a été en Angleterre la partie finale et tout à fait secondaire de la loi protectrice du travail, en a été chez nous la partie principale, ou même la seule vraiment efficace. Tandis que l'Angleterre a débuté par la règle (l'ouvrier actif) pour en venir seulement plus tard à l'exception (l'ouvrier victime d'un accident), l'Italie a saisi d'abord l'exception et a borné à celle-ci tous ses soins et les sanctions de sa législation.

Eh bien, pourquoi ce contraste? Mais c'est tout simple. La réforme sociale présente en Angleterre un développement normal, parce qu'elle est le produit naturel et nécessaire de l'évolution économique et de la lutte des classes. La réforme sociale italienne est, au contraire, le produit d'une agitation fictive provoquée par quelques intellectuels, qui s'efforcent de cueillir l'une ou l'autre des lois étrangères et de les faire germer de vive force chez nous. Après cela, quoi d'étonnant si, au lieu d'offrir un développement harmonique et équilibré, elle se réduit à un pêle-mêle incohérent de mesures irrationnelles et désordonnées?

Ce fait vraiment remarquable, que des pays démocratiques, tels que l'Italie, n'ont rien fait pour leurs ouvriers, tandis que

des États autocratiques, tels que la Russie, ont promulgué
des lois efficaces pour la protection des travailleurs, a été saisi
avec empressement par les écrivains réactionnaires. Un de ces
chambellans scientifiques, qui a été aussi quelque temps
maire d'Odessa, s'est hâté d'en conclure que les monarchies
absolues peuvent seules abattre l'égoïsme outrecuidant des
classes propriétaires et imposer des lois pour la protection
des travailleurs. Mais c'est là une affirmation tout à fait
dépourvue de fondement. Il me suffirait de remarquer qu'en
Russie aussi ce ne fut point le souverain qui imposa la législation sociale, mais — tout à fait comme dans la Grande-
Bretagne — la classe des propriétaires fonciers; et que le
vrai initiateur des lois de fabrique en Russie, fut le prince
Olitzin qui organisa cette campagne dans le but d'assommer
la classe rivale des manufacturiers. Mais nous remarquerons
encore que le pays, qui a inauguré la législation sociale et sut
la porter au plus haut degré de développement, est l'Angleterre, berceau séculaire des libertés civiles et des institutions
démocratiques, et que, vis-à-vis de la législation anglaise,
celle de la Russie et d'autres pays autocratiques ne nous
apparaît autre chose qu'une pâle contrefaçon. La monarchie
presque absolue de Louis-Philippe ne donna à la France
qu'un simulacre de loi protectrice du travail, la loi du 22 mars
1841, qui déclare expressément de ne pas exiger d'application rigoureuse, en créant ainsi ce monstre juridique,
une loi qui justifie et sanctionne sa propre transgression.
Même le socialisme césarien de Napoléon III ne donne pas à
la France de loi protectrice des travailleurs. Le ministre
Rouher en arrive jusqu'à interdire un innocent *memorandum*
invoquant une législation sociale et n'en permet enfin l'im-
pression, si ce n'est à la condition qu'on insère dans la bro-
chure des flatteries à l'adresse de l'empereur et de son amour

pour les classes travailleuses. En même temps, dans les pays d'outre-Rhin, en 1877, Bismarck s'oppose avec sa dureté habituelle à la création d'inspecteurs de fabrique ; et aujourd'hui même les mines de l'empire allemand, qui — chose étrange ! — portent les noms les plus doux de femmes italiennes, telles que Mathilde, comtesse Laura, etc., sont le théâtre des sévices les plus infâmes contre les travailleurs. Or, tout cela suffit pour ôter à l'autocratie tout le mérite qu'on voudrait bien lui faire d'avoir créé et développé la législation sur le travail. Non, la législation sociale n'est pas le produit du gouvernement absolu, car, au contraire, elle ne pousse nulle part plus vigoureuse que chez les peuples démocratiques. Et s'il y a encore des nations démocratiques, où la législation protectrice des travailleurs n'est pas développée, ou même n'existe pas, ce n'est pas là un effet de la démocratie ; mais c'est que, dans ces pays-là, le développement parallèle et harmonique des diverses classes sociales fait défaut, ainsi que leur libre conflit dans l'arène politique.

D'où l'on voit que la seule manière d'introniser la réforme sociale dans un pays qui l'ignore, ou la repousse, c'est d'y solliciter la formation de classes propriétaires différentes et antagonistes. En Italie, par exemple, le seul moyen de hâter la promulgation d'une législation sociale sérieuse, c'est de favoriser l'essor des manufactures, les grandes applications de la technique, l'utilisation de la houille blanche ; car, de cette manière seulement, il se formera en Italie une classe de fabricants riches et influents, un parti industriel capable de contrecarrer les outrecuidances de la propriété foncière ; autrement dit, de cette manière viendra enfin y éclater ce conflit politique entre la rente foncière et le profit du capital, qui est le ressort secret de toute réforme démocratique. En Belgique, c'est tout le contraire ; car ici le capital industriel, puissamment concentré, jouit d'une prépondérance écrasante vis-à-vis de la propriété foncière. Cela tient surtout au grand morcellement de la propriété foncière en Belgique, dont mon éminent ami, M. Vandervelde, vient de donner des preuves si remarquables dans un livre savamment documenté. Eh bien, comme cette propriété morcelée ne peut pas lutter avec succès contre le capitalisme industriel, il n'y a pas en Belgique de lutte féconde entre les revenus et, partant, toute réforme sociale y est absolument impossible. Donc, si l'on veut qu'une réforme sociale vraiment efficace vienne enfin s'instituer en Belgique, il faut y favoriser le développement de la propriété agricole, organiser en fédérations compactes ses représentants, en appuyer enfin les efforts, visant à lutter contre la toute puissance de l'élément rival, le capital industriel.

Les considérations précédentes nous aident encore à tracer les limites que la réforme sociale, dès qu'elle est inaugurée, ne saurait pas franchir. Avant tout, comme cette réforme émane exclusivement de la classe propriétaire, il est absolument impossible qu'elle apporte à la structure de la propriété plus que des modifications secondaires et partielles. Tout ce qu'elle peut faire, c'est de corriger quelques abus trop criants du système capitaliste ; mais elle est par soi-même incapable de le transformer d'une façon radicale et révolutionnaire. Mais ce n'est pas là tout ; car la réforme sociale ne parvient pas même à éliminer les abus relatifs à l'espèce de revenu, qui prévaut dans l'économie et dans la politique, et doit se borner à frapper l'autre espèce de revenu, inférieure et plus faible. En Allemagne, par exemple, où le profit du capital est faible et la propriété foncière puissante, il y a bien des lois pour réprimer les abus des fabricants, mais les abus, bien plus énormes, des Junkern se donnent libre carrière sans que l'état s'en mêle. En Angleterre, au contraire, où le profit du

capital est bien plus puissant que la rente foncière, la réforme
sociale, sans se désintéresser tout à fait de l'industrie, n'y
revêt toutefois jamais ces allures révolutionnaires, qui caractérisent ses mesures relatives à la propriété territoriale.

Je pense en avoir assez dit pour anéantir cette illusion
métaphysique, d'après laquelle la réforme sociale descendrait
des régions nuageuses du sentiment, et pour l'asseoir sur ses
bases véritables, tout à fait matérielles et économiques. C'est
là, j'en conviens, une dépoétisation de la philosophie et de la
théorie sociale; mais est-ce que la science tout entière n'est
pas une œuvre de dépoétisation perpétuelle, un carnage
impitoyable d'idéaux, de rêves et de charmes? D'ailleurs, tout
regret à cet égard n'est pas seulement oiseux, il est en
plus foncièrement entaché d'ignorance et d'erreur; car si la
hache de la science, promenée sur les champs fantastiques
de l'idéalisme métaphysique, y sème des ravages et des
décombres — ce n'est que pour faire éclore sur le terrain
ainsi déblayé des idéals supérieurs, émanant de l'âme elle-
même des choses, et partant vrais et éternels.

NEUVIÈME LEÇON

L'impérialisme

La politique des nations civilisées de nos jours présente un double aspect : réforme sociale à l'intérieur, impérialisme à l'étranger. Si au dedans elles mettent le bonnet phrygien et entonnent *la Carmagnole*, elles arment leurs bataillons pour aller combattre au dehors au son bruyant des marches tyrthéennes. C'est une forme *sui generis* de ce jacobinisme conquérant et militariste, qui eut jadis les plus grands succès dans l'ancienne Grèce, dans l'Italie du moyen âge et dans la France révolutionnaire. Nous venons d'examiner ce système politique dans ses manifestations intérieures et paisibles; il nous faut à présent tourner nos regards vers ses manifestations extérieures et agressives, autrement éclatantes et célèbres.

Parmi les traits les plus marquants de notre âge, qui ont fait du XIXe siècle, si ce n'est le plus grand, certainement le plus intéressant des siècles, il n'y en pas de plus saisissant et de plus digne d'étude, que l'impérialisme; c'est, en effet, un phénomène grandiose en même temps que piquant, qui se sert de tous les résultats de la civilisation pour renouveler les fastes militaristes et barbares, qui rapproche des peuples civilisés les sauvages, enlace les continents, franchit témérairement les océans, ajoute de nouveaux joyaux aux couronnes, de nouvel argent aux coffres-forts, de nouveaux meurtres aux annales de la criminalité humaine, de nouvelles douleurs et de nouvelles infamies au martyrologe des nations, et qui, dans ses entreprises, de même que dans ses proconsuls, dans ses gloires comme dans ses horreurs, associe à la majesté gigantesque des idées et des moyens la vulgarité plébéienne des mobiles et des appétits.

Qu'est-ce que l'impérialisme? C'est la conquête, évidente ou masquée, des pays nouveaux par les pays vieux; c'est l'annexion politique des régions coloniales aux vieilles nations, saturées de capital et de population. De cette même définition il découle que l'impérialisme ne peut pas du tout se confondre avec la colonisation. En effet, celle-ci implique la transmigration effective d'une partie de la population de la mère-partie dans la colonie; mais l'impérialisme n'implique rien de tout cela. La région annexée peut fort bien ne pas offrir aucune des conditions nécessaires pour attirer la population de l'État conquérant; et bien des fois elle ne les offre pas du tout, car souvent l'impérialisme déploie ses griffes sur des régions qui ne sont pas convenables à la colonisation européenne. Or, dans ces cas, l'impérialisme n'est pas précédé, accompagné ou bien suivi par l'émigration. Et il en dérive une autre différence. La colonisation, par cela même qu'elle est préparée par l'émigration pacifique, s'accomplit, d'ordinaire sans que l'on ait recours aux armes, par le simple fait du transférement d'une partie de la population de la métropole dans les pays nouveaux; en d'autres mots, elle est un phénomène tout à fait industriel. Mais l'impérialisme,

au contraire, n'étant pas précédé ou préparé par des phénomènes d'émigration, ne peut pas s'expliquer, si ce n'est au
moyen de la conquête et des armes ; c'est donc un fait essentiellement militaire et violent.

Nul doute qu'il ne serait pas trop difficile de trouver
mainte analogie avec l'impérialisme contemporain dans
quelques faits de l'antiquité et du moyen âge. La conquête
romaine, par exemple, offre bien quelque analogie avec
l'impérialisme ; car elle aussi est tout bonnement une
annexion d'un pays à un autre, qui n'implique pas d'émigration de celui-ci à celui-là. De même les croisades ont abouti à
l'annexion de quelques pays de l'Orient par des États d'Occident, qui n'a pas donné lieu à une véritable colonisation. Et
toutefois ces phénomènes diffèrent de l'impérialisme dans
un point essentiel : l'impérialisme se lance sur des pays
nouveaux, tandis que les pays, qui ont été l'objet des conquêtes romaines ou des expéditions des croisades, étaient des
pays anciens, presque aussi pourvus de capital et de population que les pays conquérants. Les conquêtes romaines et les
croisades offrent, au contraire, mainte analogie avec les
expéditions récentes des Etats européens dans la Chine ;
mais ces entreprises, par là même qu'elles s'adressent à des
pays très peuplés, ne peuvent pas se classer parmi les formes
de l'impérialisme.

Comme l'impérialisme est un phénomène essentiellement
moderne, il doit se rattacher à des causes essentiellement
modernes, ou qui ont atteint de nos jours une intensité incon-
nue auparavant. Nul doute que les progrès de l'impérialisme ont été sensiblement favorisés par les progrès des
moyens de communication et de transport, de même que par
les grandes découvertes géographiques qui, ont ouvert à la
vieille humanité tant de terres inexploitées. Et, toutefois, ces

faits ne suffisent pas encore à expliquer un phénomène si remarquable que celui dont il s'agit. Les progrès des moyens de communication influent tout au plus à renforcer les manifestations de l'impérialisme, en rendant possible la dépendance immédiate du pays conquis vis-à-vis du pays conquérant. Au contraire, tant que les moyens de communication sont imparfaits, les Etats conquérants se voient contraints de livrer les Etats conquis à l'arbitre illimité de quelques proconsuls, qui, à cause même de l'imperfection des moyens de communication, échappent à tout contrôle. A cet égard on peut dire que la toute-puissance de Crasse et de Cortez, de Warren Hastings et de Clive, est le produit des moyens de communication arriérés et que c'est aux progrès de ceux-ci que l'on doit si ces types-là n'ont pas de représentants de nos jours. Mais tout cela peut bien aggraver l'impérialisme, il ne peut pas le créer.

Pour ce qui est des découvertes géographiques, il nous suffit de remarquer qu'elles précèdent de plusieurs siècles la naissance de l'impérialisme; car les rapports, qui se nouent entre l'Angleterre et les pays d'outre-mer, au lendemain des découvertes du Nouveau Monde, sont des rapports de colonisation, mais pas du tout des formes d'impérialisme.

Enfin, rien ne serait plus absurde que d'expliquer l'impérialisme par des raisons politiques, ou par la forme du gouvernement. En effet, ce ne sont pas les monarchies seules, il s'en faut, qui sacrifient au nouveau démon, mais les républiques aussi. S'il y a un impérialisme monarchique, il y a aussi, et il n'est pas moins éclatant, un impérialisme républicain; et la France rivalise avec l'Allemagne, les États-Unis avec l'Angleterre, dans l'annexion effrénée des nouveaux territoires.

L'impérialisme dérive d'une cause tout à fait économique, le malaise du capital se débattant dans les étreintes d'un profit insuffisant.

C'est une loi économique bien connue, que le profit du capital tend à baisser. Tant que la technique industrielle est arriérée, la baisse du taux du profit est due surtout à la productivité décroissante des terres successivement cultivées ; aux époques, au contraire, où la technique fait les progrès les plus marquants, le même fait se produit par l'élévation de la valeur de la terre, mais, en tout cas, l'effet est le même. Dans les derniers temps, au surplus, la baisse des profits a été plus marquante, grâce à l'action de quelques influences tout à fait nouvelles. L'accumulation du capital, autrefois contenue dans des bornes très modestes, a atteint de nos jours des proportions inouïes. Rien que le capital employé en titres mobiliers s'est accru dans les dix-sept dernières années de 5o p. c.; et, en 1896, Neymarck évaluait la richesse mobilière des principales nations de l'Europe à 5oo milliards. D'ailleurs, jusqu'aux derniers temps, le déclin des profits était périodiquement interrompu par les crises commerciales; et les destructions énormes de capital qui s'ensuivaient produisaient une hausse temporaire du revenu. Mais dans les derniers temps, et justement depuis un quart de siècle, au lieu des crises périodiques l'on n'a plus qu'une dépression économique permanente et partant une réduction irrévocable dans le taux du revenu capitaliste. Enfin, le malaise du capital a été, dans les derniers temps, rendu plus aigu par le mouvement ouvrier toujours plus inquiétant et plus menaçant Soit, en effet, que les ligues ouvrières demandent une élévation des salaires, ou bien une réduction de la durée du travail, ou d'autres améliorations du sort des ouvriers, il en

résulte nécessairement une baisse ultérieure du taux des profits et partant un surcroît de gêne pour le capital.

Et personne n'ignore que la baisse des profits a atteint
dans les derniers temps des proportions inquiétantes. Dans
les quinze dernières années, en France, l'impôt sur le revenu
des titres négociables aurait procuré au trésor des recettes
immuables, malgré l'énorme accroissement du capital, si l'on
n'avait pas élevé pendant cette période le taux de l'impôt. Si
l'on observe à quoi se réduit désormais le taux de l'intérêt
payé par les Caisses d'Epargne, ou le taux de l'escompte des
titres les plus sûrs, si l'on remarque le modeste intérêt des
fonds publics des États les plus solides et des obligations des
principales compagnies de chemin de fer, ou la facilité étonnante avec laquelle tous les États procèdent à la conversion
de leurs dettes, on se persuadera aisément de l'épouvantable
déclin que subit le revenu du capital.

Eh bien, le capital qui se débat de cette manière entre la
triple étreinte de la valeur majorée de la terre, de la dépression
économique et du mouvement ouvrier, et qui en voit son profit
si réduit, aspire ardemment à la conquête des pays nouveaux
où la valeur de la terre est faible, où la dépression industrielle
n'a pas encore paru et où le mouvement ouvrier n'est pas
organisé. Et comme le capital est tout-puissant dans le monde,
les gouvernants sont contraints de fléchir sous ses pressions.
Voilà pourquoi, sous l'aiguillon des capitalistes avides d'un
profit rémunérateur, les royaumes et les républiques, l'Europe
et l'Amérique, se livrent aux folles farandoles des conquêtes
coloniales ; voilà pourquoi ils ne cessent pas d'annexer des
mondes aux mondes, de lancer leurs armées et leurs flottes sur
le globe, aux exploits lugubres de sang et de carnage.

Si le mouvement impérialiste, inauguré au profit des capitalistes et des spéculateurs, entraîne bientôt dans sa course le

peuple entier ; si le délire impérial trouve chez les classes travailleuses elles-mêmes ses prôneurs les plus enthousiastes.
c'est un fait qui ne saurait pas étonner tous ceux qui connaissent les emballements soudains des foules et leur penchant à
l'imitation. Mais dans notre cas un autre mobile s'ajoute à
produire l'enivrement populaire : ce sont les rêves de grandeur
et de gloire militaire, qui ont toujours exercé un charme sur le
peuple, — c'est l'espoir de conquérir dans le nouveau monde
un lambeau de cette fortune qui lui est interdite dans l'ancien.
C'est là la raison de l'engouement du peuple anglais pour
son *Joe* ; c'est là ce qui le pousse à jeter aux orties toutes les
théories libérales, autrefois si chères à son cœur, et à se faire
l'aveugle instrument d'une politique de conquête et de
proie.

Il dérive de nos remarques antérieures que l'impérialisme
doit se manifester d'abord chez les peuples saturés de capital,
chez qui le déclin dans le taux du profit est par là même plus
marquant. Partant il n'est que trop naturel si l'impéralisme
trouve son berceau en Angleterre. On connaît le vieux
dicton : John Bull peut endurer toute chose, hormis un
profit réduit à 1 p. c.; et la *Saturday Review* disait, il y a quelques années, que ce taux du profit rend le capital anglais
capable de tous les crimes. Eh bien, les faits récents sont
venus donner à ces aphorismes la démonstration la plus éclatante. Ce fut, en effet, la baisse du profit qui poussa l'Angleterre à cette entreprise criminelle du Transvaal, qui aboutit à
l'anéantissement politique de la plus noble des nations. Et si
autrefois on avait raison de distinguer la colonisation espa-
gnole à base de violence de la colonisation anglaise à base
d'expansion pacifique, — aujourd'hui cette distinction n'est
pas possible, car désormais l'impérialisme anglais reproduit,
à s'y méprendre, les vieilles méthodes espagnoles de colonisa-

tion. Mais aussi d'autres pays, où l'accumulation du capital est moindre et partant le taux du profit plus élevé, suivent la même route; et l'impérialisme marque des pages sanglantes dans l'histoire contemporaine de France et d'Allemagne. Il n'y a pas jusqu'aux Etats-Unis, qui ne se livrent aux exploits impérialistes, sous l'aiguillon de la baisse du profit. M. Bryce écrivait en 1888, dans son *American Commonwealth* : « Les Etats-Unis n'ont pas, pour le moment, des penchants impérialistes quoiqu'ils soient entourés d'états plus faibles. Mais dès que le capital américain ne trouvera plus d'emploi rémunérateur dans les régions de l'ouest, il s'agitera pour s'annexer des pays nouveaux. » Et M. Bryce fut prophète ; car le déclin du profit, qui s'avère avec une rapidité tout à fait américaine dans la grande république, vient d'arracher l'Union à sa politique de recueillement, pour la lancer à toute vapeur dans les expansions et les conquêtes coloniales.

De cette manière, l'analyse économique dépouille l'impérialisme de ces caractères miraculeux ou inexplicables qu'il offre au premier abord et vient nous le révéler dans toute sa nudité prosaïque, tel que le produit naturel et nécessaire du capitalisme contemporain, ou des rapports de production et de commerce entre lesquels il se débat. Et c'est bien là ce que M. Chamberlain exprimait par sa phrase lapidaire : « L'empire, c'est le commerce. » Mais l'analyse économique nous révèle du même coup la nature des phénomènes des autres âges, à maints égards analogues à l'impérialisme, les conquêtes romaines et les croisades. En effet, ces phénomènes aussi ne sont que le résultat du déclin dans le taux du profit. C'est le capital latin, mécontent des profits insuffisants assurés par le travail des esclaves, qui pousse les légions à la conquête de régions éloignées, où il pourra perpétrer ses malversations publicaines; c'est le capital de l'Occident, mécontent du profit extorqué par le travail des serfs, qui pousse les états chrétiens à la conquête du Saint-Sépulchre. L'exubérance du capital et la baisse des profits s'annoncent de même dans quelques villes très florissantes du moyen âge, à Florence, par exemple. Eh bien, les banquiers florentins, ne pouvant plus gagner dans leur patrie des profits rémunérateurs, s'en vont risquer leurs capitaux dans des prêts aux rois d'Angleterre, qui se font un point d'honneur de ne jamais payer leurs dettes. Au début de l'âge moderne, en Hollande, on en était arrivé au point que le créditeur pleurait amèrement, lorsque le débiteur lui payait sa dette; car il savait fort bien que le capital restitué n'aurait pu gagner qu'un très mince profit. Eh bien, sous les étreintes de ce malaise capitaliste, on vit les citoyens calmes et rangés de Hollande se lancer dans les spéculations sur les tulipes et dans la *kermesse* financière la plus dévergondée ! C'est donc toujours la même cause qui gît au fond de ces phénomènes du passé, de même que de l'impérialisme contemporain; et si celui-ci diffère de ces phénomènes historiques, c'est surtout par le caractère chronique des embarras qu'il veut réparer, par la grandeur de ses entreprises, de leurs succès, de même que des désastres qu'elles sèment sur leur cours.

Désastres! c'est là le vrai mot. Nul doute que l'impérialisme produit quelques effets bienfaisants au capital, ou du moins à un fragment du capital du pays conquérant; car le capital disponible, qui n'obtient pas de profit suffisant dans la patrie, se procure *per fas et nefas* des profits élevés dans les entreprises coloniales. Mais l'impérialisme n'en a pas moins des effets très nuisibles au capital exportateur. En effet, autant ce dernier profite de l'émigration pacifique aux pays nouveaux et des rapports amicaux qui s'établissent entre ceux-ci et les pays d'ancienne civilisation, autant il souffre des effets d'une politique de conquête qui aboutit à l'anéantissement des tribus indigènes, ou les éloigne de l'achat des marchandises de la métropole. Mais l'impérialisme n'est pas moins nuisible au capital exportateur, en cela que les entreprises créées par le capital de la métropole dans les pays nouveaux viennent encombrer le monde de leurs marchandises et, par là, font une concurrence formidable au capital exportateur de la mère-patrie. Bien plus, le capital producteur de marchandises dans la métropole n'est pas seulement empêché par là d'exporter ses produits ; il est aussi chassé du marché national, dont les manufactures coloniales s'emparent bientôt triomphalement. Et désormais tous les pays impérialistes offrent ce trait commun — d'un excédent considérable des importations sur les exportations ; résultat de la vaste production, organisée par le capital national dans les pays conquis, qui rétrécit les exportations de la nation conquérante et y accroît les importations.

Si l'impérialisme offre sans doute une espèce de soupape de sûreté pour le capital excessif du pays conquérant, il n'a pas d'influence analogue pour ce qui concerne le travail. C'est tout à fait chimérique de croire que l'impérialisme parvienne à créer des débouchés à la population exubérante du vieux monde ; car, en général, l'impérialisme déploie ses griffes sur les régions tropicales, où la population européenne ne saurait pas vivre ou se propager. Je n'ignore pas que, dans les derniers temps, on a vu germer en France une littérature *ad usum delphini*, visant à démontrer la possibilité d'existence des blancs dans les régions tropicales ; mais les faits ont démenti catégoriquement cet optimisme systématique. Et tous les Européens, qui reviennent du Congo et des régions des tropiques, nous parlent avec effroi de la mortalité épouvantable qui y sévit parmi les Européens. Donc tout espoir que les expansions impérialistes parviennent à adoucir dans les pays vieux les fléaux du chômage n'est rien qu'une chimère. D'ailleurs, l'impérialisme, par là même qu'il entraîne les pays conquérants dans des guerres longues et dispendieuses, y accroît le poids des impôts ; ce qui ralentit l'accumulation du capital et, partant, accroît le chiffre des désœuvrés. Tant que durent les guerres impérialistes, cette influence n'est pas très sensible ; car les bras, dont l'industrie ne veut pas, peuvent fort bien s'employer dans l'armée ; mais la guerre finie, le chômage vient se manifester dans des proportions inquiétantes.

Et nous en avons eu la preuve dès nos jours. A ses débuts la guerre du Transvaal semblait avoir renversé toutes les théories économiques ; car, avec l'expansion de l'entreprise téméraire de l'Angleterre dans l'Afrique australe, on voyait monter la richesse de la métropole et baisser le nombre des membres des Trades Unions privés d'emploi. Mais ici encore c'était bien le cas de répéter le vieux diction : *respice finem* ; car la guerre ne fût pas même finie et ne furent dissoutes les légions coloniales que l'on vit soudainement grossir le nombre des désœuvrés dans la Grande-Bretagne, et aujourd'hui même ses journaux nous parlent avec angoisse de la famine qui sévit parmi ses habitants et des milliers de pauvres qui languissent dans ses villes. Leur nombre n'a jamais été aussi fort depuis 1874, et le gouvernement a dû présenter un projet de loi pour pourvoir aux moyens de les employer.

Mais ce n'est pas tout. L'Angleterre vise aujourd'hui à la création d'une « plus grande Bretagne », à l'institution d'une ligue douanière démesurée entre la métropole et ses colonies. De cette manière, à la suite de l'impérialisme, c'est le protectionnisme qui va triompher ; et ces barrières maudites que la science s'était tant efforcée d'anéantir, et qui, dans la terre classique de la liberté, étaient tombées depuis longtemps sous le poids de l'exécration universelle, vont être bientôt rebâties au plus grand honneur du Moloch impérial. En même temps, à l'ombre de l'impérialisme, on voit renaître les *Chartered Companies*. Qu'importe, si Adam Smith nous a appris que le gouvernement d'une compagnie de marchands, c'est le pire des gouvernements? A quoi nous servent-elles les malheureuses expériences de la Compagnie des Indes et les funestes souvenirs qu'elle nous a légués? Les compagnies privilégiées renaissent; et voilà la Compagnie allemande de la Nouvelle Guinée, la Compagnie à Charte de l'Afrique du Sud, la Compagnie royale du Niger, la Compagnie du Bornéo septentrional, la Compagnie de l'Afrique orientale, et bien d'autres qui se forment dans le Congo et en Tunisie.

Mais l'impérialisme n'a pas d'influences moins nuisibles aux pays conquis. C'est vrai, l'impérialisme a pour effet d'importer dans les pays nouveaux les derniers résultats de la technique européenne, d'y faire éclore des industries florissantes et un vaste réseau de chemins de fer. Mais tout cet essor technique se produit aux dépens du travailleur indigène, qui est réduit en servitude et obligé de travailler pour les conquérants.

Les conséquences morales et juridiques de l'impérialisme sont plus graves aussi que ses influences économiques. En effet les méthodes illégitimes d'enrichissement ne se donnent nulle part plus libre carrière que dans les pays nouveaux; nulle part on ne bafoue plus impudemment toutes les règles de moralité et de justice. On n'a pas oublié le mot de Tommy Atkins, le personnage impérialiste de la ballade de Kypling : Porte-moi au delà de Suez — s'écrie il — où les dix commandements ne sont pas en vigueur. Et dès que l'on pense aux infamies perpétrées par les Anglais au Transvaal dans les *camps de reconcentration*, ou à celles des Américains dans les Philippines, où les indigènes étaient fusillés membre à membre. (On commençait par tirer contre un bras, puis contre une jambe, etc.), — il nous faut avouer que l'impérialisme est un puissant corrosif de tout sentiment de bonté et de pitié civile.

Mais l'impérialisme a encore cet effet regrettable, qu'il favorise le développement de cette théorie des races privilégiées, de nations élues ou supérieures. Pour justifier leurs conquêtes coloniales, les nations impérialistes se livrent avec une ferveur qui n'a rien d'édifiant à une auto-exaltation, et s'empressent de proclamer leur supériorité sur les peuples jeunes et sauvages. Mais ici encore, ce n'est que le premier pas qui coûte; et chaque nation, après avoir affirmé sa supériorité sur les peuples, qu'elle domine, procède à proclamer sa propre excellence sur les autres nations civilisées. Voilà, par exemple, M. Schmoller, qui vient comparer entr'eux les caractères moraux des différents peuples, pour en conclure fort modestement à la supériorité morale des Allemands sur tous les habitants du globe; tandis que M. Kidd affirme avec autant d'aplomb la supériorité morale des *english speaking peoples*. Et de cette manière, à l'ombre de l'impérialisme qui monte, il se déroule une joûte édifiante de nationalismes vaniteux.

L'impérialisme vient encore donner un nouvel essor aux tendances militaristes et à l'adoration de la force brutale, que l'œuvre séculaire de la civilisation avait heureusement ralentie. Il y a quelques années, en Angleterre, on élut au Parlement un monsieur qui n'avait pas d'autre mérite que d'avoir vaincu tous ses adversaires à la *boxe*. En même temps, on voit renaître en Angleterre l'idolâtrie du *sport*, de la gymnastique, des concours athlétiques. Ce n'est qu'après qu'elle a hissé le drapeau impérialiste que l'Angleterre est devenue le pays du *cricket* et du *foot-ball;* et il n'y a pas jusqu'aux combats de coqs qui n'aillent refleurir aujourd'hui sur le vieux sol britannique. L'habitude des entreprises hasardeuses, dépourvues de toute justification raisonnable et accomplies dans un but mystérieux, de même que les rapports suivis avec les hordes sauvages et les nations arriérées, viennent communiquer à ces nouveaux argonautes les superstitions les plus folles; et c'est justement dans les pays impérialistes qu'on retrouve dans une plus forte dose l'occultisme, le spiritisme et bien d'autres formes de perversion intellectuelle.

L'impérialisme a aussi des influences sinistres sur l'organisation politique. C'est une remarque qu'ont pu faire tous les juges impartiaux, qu'impérialisme et liberté sont deux termes mutuellement incompatibles. Vainement on parle d'un impérialisme démocratique, où l'on s'efforce de voiler de formes démocratiques le nouveau courant politique; le vrai, c'est que l'impérialisme tuera la démocratie, si celle-ci ne parvient pas à étouffer celui-là dans son maillot. Comme le dit fort justement Froude : un cuirassé, régi par des principes représentatifs, c'est un non-sens nautique et militaire. Eh bien, l'état impérialiste n'est au fond autre chose qu'un cuirassé démesuré, qui marche sur les flots à la conquête de rivages lointains et qui doit fatalement repousser toutes les entraves parlementaires qui pourraient arrêter son cours ou amoindrir ses menaces. Par là même l'impérialisme engendre la prépondérance inéluctable du pouvoir exécutif sur le législatif, qui se trouve réduit au silence et à l'impuissance pendant les agitations des conquêtes. Et ce n'est pas tout. En provoquant un énorme accroissement des dépenses militaires (en

Angleterre elles se sont accrues, pendant treize années, de 28 à 44 millions de livres sterling), en appelant toute l'attention de la nation sur les entreprises belliqueuses — l'impérialisme détourne les forces pécuniaires et mentales des peuples modernes des réformes sociales vraiment bienfaisantes. Et si l'Angleterre ne put pas conduire au port le projet de loi sur les pensions de l'invalidité et de la vieillesse — la faute en fut exclusivement à la guerre du Transvaal, qui vint absorber si inutilement l'argent et l'intelligence de la nation.

Mais ce ne furent pas seulement les partis et les réformes qui se virent réduits au silence par le délire impérialiste; même les manifestations les plus élevées de la pensée en furent déroutées ou violemment étouffées. En effet, pas d'incompatibilité plus absolue qu'entre l'impérialisme et la science; car l'impérialisme n'est autre chose que la violation systématique de toutes ces règles de justice que la science a pour but d'analyser et de défendre. Il y a deux ans, M. Hanaker, professeur de droit international à l'Université d'Utrecht, disait dans sa leçon de clôture : « Après la campagne de l'Angleterre contre le Transvaal, j'ai une chose bien triste à vous dire : c'est que je vous ai appris une science qui n'existe pas. » Et vraiment, après les succès impérialistes, on peut bien comparer le droit des gens aux deux canons, placés à l'embouchure du port de Pékin, qui sont, à ce que l'on dit, très ornés et artistiques, mais qui n'ont qu'un petit défaut — ils sont de papier, ce qui les rend tout à fait inutiles en cas de guerre. Mais, de même que le droit international, c'est le droit commercial et civil, c'est l'éthique, la philosophie, l'économie politique, ce sont toutes les sciences, enfin, qui voient leurs dogmes foulés aux pieds par la politique impérialiste. De là la condamnation exaspérée que les savants les plus éminents des deux mondes ont lancée contre le nouveau système, et que Herbert Spencer a résumée avec tant d'éloquence dans son testament philosophique. Or, l'impérialisme, battu de cette manière par la science, se révolte contre elle, la couvre de haine et de mépris ; et voilà pourquoi toutes les nations impérialistes affectent un si haut dédain pour la science. M. Morley, l'ancien ministre de la reine Victoria, venait naguère pleurer sur le déclin mental de l'Angleterre, où le culte de la science pâlit chaque jour davantage; mais au delà de l'Atlantique aussi on constate le même fait. Et les écrivains vont cherchant des explications de l'énigme tragique ; et il y en a qui voient la source du mal dans la démocratie, d'autres dans les entraves opposées par les milliardaires américains à la liberté de l'enseignement, dans les universités que leur munificence vient fonder. Mais pourquoi imaginer des explications si artificieuses? Si l'Angleterre et l'Amérique se détournent de la science, ce n'est pas parce qu'elles sont démocratiques ou milliardaires ; c'est qu'elles sont impérialistes, et que l'impérialisme, qui est l'âme de leur politique et de leur vie, se développe en opposition à la science et doit passer sur son corps pour s'introniser et s'affermir. Enfin, en même temps que l'impérialisme, c'est le cléricalisme qui triomphe; et nous en avons un exemple dans la loi anglaise de mars 1903 sur l'instruction et dans tout le mouvement religieux et politique du monde contemporain.

Mais l'impérialisme n'a pas d'influence moins désastreuse sur la littérature et sur l'art. Car il les détourne des idéalités les plus délicates et exquises pour les entraîner dans les apologies les plus impudentes de la violence et du crime. En Angleterre, on voit pâlir désormais la muse douce et charmante de Tennyson et, en Amérique, celle pathétique de Longfellow; et à leur place vient trôner la muse courroucée et sanglante de Kypling; de Kypling, dont les contes pitto-

resques nous portent dans les casernes et dans les bivacs,
ou accompagnent les expéditions et les marches ; dont le
lyrisme rude et échevelé produit surtout des chants de guerre
et des chansons de taverne ; dont les héros sont toujours des
pionniers anglais, des marchands demi-pirates et des spéculateurs sans scrupules ; et qui, dans la brutalité des images,
dans la dureté des expressions, dans l'apologie de la violence
et du carnage, s'affirme tel que le prototype de la littérature
militariste, le poète lauréat de l'impérialisme triomphant sur
la terre et sur la mer.

Pour toutes ces raisons, je ne puis me défendre de définir
l'impérialisme une grande maladie sociale, corollaire fatal du
capitalisme, parvenu à son déclin ; maladie sociale, qui ramène
les conquérants à l'état barbare, qui sème parmi les peuples
conquis l'esclavage, qui enfin détruit l'œuvre féconde de tant
de siècles de progrès et de travail démocratique.

Qu'il soit permis à un sociologue d'Italie d'ajouter, à son
soulagement, que cette maladie fatale qui, ayant égard à ses
origines, pourrait fort bien être appelée *morbus anglicus*.
mais qui a envahi désormais toute la terre, n'a pas entaché
le vieux sol italien. Aux gloires sanglantes de l'impérialisme
britannique, l'Italie peut opposer avec fierté les succès de sa
colonisation pacifique, cette Italie transatlantique qui émerge
des flots, dégagée du limon de l'histoire, pour attester aux
siècles la jeunesse éternelle de notre race. Ce sont là les fruits
bienfaisants de notre pauvreté ! Si elle nous a empêchés de
jouer un rôle éminent dans la civilisation contemporaine, du
moins nous a-t-elle préservés de sa maladie rongeante et nous
a permis de conserver, au milieu de la dissolution universelle,
cette atmosphère de pureté morale que l'impérialisme ne
parvient que trop vite à corrompre. Peut-être que la nature,
dont les aveugles caprices sont parfois plus savants que nos

résolutions les plus méditées, — veut-elle que, à côté des nations saturées de capitaux, il existe des nations plus pauvres, afin de limiter le territoire où l'impérialisme peut déployer son action? C'est la tâche des premières de porter par le fer et le sang les inventions de la technique et les merveilles de l'industrie aux points extrêmes du globe; mais les dernières ont la mission plus modeste, plus silencieuse et d'autant plus bienfaisante, de protéger les trésors de la civilisation que nos pères nous ont légués. Voilà le prix qui a été gagné par l'Italie dans la loterie de l'histoire. Au lieu de l'impérialisme politique, qui annexe des nouveaux territoires au prix du sang et de la mort d'entières peuplades, le sort a réservé à l'Italie un impérialisme intellectuel, qui lui permet de dominer le monde par les triomphes de sa pensée; — soit qu'elle lance la parole ailée à travers les océans, répande sur le globe les trésors de son art prodigieux, ou l'électrise et le charme par la mélodie incomparable de son chant. Il y a bien des gens qui trouvent cette tâche trop modeste; il y en a qui assistent avec envie aux batailles et aux expansions violentes, où les peuples les plus puissants ont conquis tant de lauriers; pour moi, je bénis le sort qui a été réservé à mon pays et qui, en le détournant des conquêtes barbares, vient lui frayer la route royale des conquêtes sereines et durables dans les champs lumineux de la justice et de la pitié humaine.

DIXIÈME LEÇON

Les Superstructures sociales

Nous venons de constater que les rapports économiques forment la base des rapports politiques et que les formes du gouvernement, les organisations des partis, les explications du pouvoir ne sont qu'une dérivation naturelle et nécessaire de la structure économique de la propriété. Et nous venons de trouver une démonstration spéciale de cette loi générale dans deux grandes institutions de notre âge : la réforme sociale et l'impérialisme.

Or, ces considérations nous imposent une distinction essentielle entre les phénomènes sociaux fondamentaux et les phénomènes de superstructure. A la première classe appartient le phénomène économique, qui forme le sous-sol ignoré et fécond, d'où germent les manifestations les plus diverses de l'activité sociale; dans la deuxième classe viennent se ranger les autres phénomènes sociaux, qui découlent, immédiatement ou indirectement, du système économique. Nous venons de constater cette dérivation pour ce qui concerne les faits politiques; mais il en est autant des autres manifesta-

tions de l'activité sociale, plus apparemment indépendantes
et éloignées des rapports économiques.

Considérons avant tout une série d'institutions, que l'on
dirait, *toto cœlo*, éloignées des rapports économiques, les
institutions morales. Eh bien, nous les voyons changer avec
une docilité extrême après tout changement survenu dans la
structure économique. Tant que les rapports économiques se
développent sur une base égalitaire, et que l'exploitation de
l'homme par l'homme est absente, la conduite des hommes
est spontanément désintéressée, car l'égoïsme éclairé suffit
par lui-même à détourner l'individu des actions nuisibles à
ses semblables et à la société, et à le pousser aux actions bienfaisantes. En effet, dans ces conditions, où des individus
doués d'égale force se trouvent en présence l'un de l'autre,
toute action mauvaise provoque une égale réaction, qui la
rend nuisible à son auteur ; et, comme d'ailleurs dans ces
conditions, la solidarité entre les membres du groupe social
est très étroite, toute action bienfaisante revient indirectement au profit de celui même qui l'accomplit. Partant,
dans ces conditions, il n'y a pas de place pour la contrainte
morale ; autrement dit, la morale est absolument spontanée.
Et telle est bien, en effet, la morale des peuples sauvages et
barbares, chez qui l'égalité sociale persiste encore. Dans les
communautés rurales de la Russie, aussi désagrégées et
mourantes qu'elles soient vis-à-vis des succès du capitalisme
triomphant, il s'est formé et dure encore une morale
spontanée, grâce à laquelle les actions désintéressées ou bienfaisantes s'accomplissent, sans aucune corcition. Il en était
de même dans cette communauté primitive qu'était le *mark*
germanique ; la réciprocité des services, l'assistance frater-
nelle, en somme, toutes les multiples manifestations de la
morale la plus élevée et la plus pure y étaient pratiquées en

dehors de toute règle corcitive, par la libre adhésion des coassociés.

Mais, dès que dans la société humaine vient s'infiltrer l'inégalité économique, dès qu'elle vient créer les deux classes éternellement ennemies des riches et des pauvres, l'accomplissement spontané des actions désintéressées devient radicalement impossible. A ce moment, en effet, il n'est plus vrai que l'égoïsme éclairé suffit par lui-même à détourner l'homme de la méchanceté et à l'induire à la bonté. Le vrai, c'est justement le contraire. Le vrai, c'est que les riches ont tout à gagner par l'exploitation impitoyable des travailleurs, et que ceux-ci, à leur tour, ont tout à gagner par la révolte et le vol. Ce qui revient à dire que l'égoïsme éclairé pousse chaque classe à des actions nuisibles à d'autres classes, chaque homme à des actions nuisibles à d'autres hommes. Actions nuisibles, qui ne pourraient point ne pas aboutir en définitive au dommage de la société elle-même, car la révolte des pauvres ne tarderait pas à compromettre dangereusement la cohésion sociale, et l'outrecuidance des propriétaires, si elle était poussée trop loin, aboutirait nécessairement à précipiter ce tragique dénouement. Donc si l'on veut détourner les hommes des actions nuisibles aux autres hommes et menaçantes pour l'agrégat social, si l'on veut protéger la cohésion sociale contre les explosions des intérêts lésés ou des outrecuidances égoïstes — il faut absolument imposer la conduite morale, autrement dit, instituer une morale coercitive, qui seule peut détourner les hommes des actions antisociales, au moyen des châtiments immatériels.

La coercition morale revêt des formes tout à fait différentes dans les phases successives de la société capitaliste. Dans l'antiquité, elle se réalise surtout par la terreur, au moyen âge par la religion, de nos jours par l'opinion publique.

Mais l'essence de ces procédés est toujours la même; c'est une coercition, ou une diversion forcée de l'initiative humaine des actions égoïstes, qui menaceraient la vie même, ou le développement normal de l'agrégat social. Par exemple, le pauvre aurait tout intérêt à voler, à renverser l'ordre social. Mais le prêtre vient et lui dit : « Pense donc que si tu voles, si tu te révoltes contre l'ordre des choses existant, des peines éternelles t'attendent dans la vie d'au-delà. » Et, pour échapper à cette terrible menace, le pauvre s'apaise et se résigne au système social qui l'écrase. Les diverses religions, qui gouvernèrent les esprits dans les âges successifs de l'histoire, ont toutes fonctionné dans ce but; mais aucune d'elles ne sut atteindre à la puissance et à l'irrésistible efficacité du christianisme. En effet, l'Evangile n'inflige pas seulement au pécheur des châtiments effroyables dans la vie d'au-delà ; il annonce aussi que le sort de l'homme dans l'autre monde est tout à fait l'inverse de son sort ici-bas, que le Paradis est à jamais défendu aux riches et aux puissants et exclusivement réservé aux pauvres et aux déshérités. Or, ce dogme devait forcément émousser dans les masses souffrantes toute pensée de révolte et de revendication et leur inspirer bien plutôt des sentiments de pitié vis-à-vis des riches, qui achetaient un bien-être fugitif ici-bas par le renoncement aux délices de l'heureuse immortalité. Mais ce christianisme s'adresse en même temps aux riches, aux puissants ; il vient les exhorter à l'aumône et à la miséricorde, et les détourner de ces outrecuidances qui auraient pour effet d'aigrir les rapports entre les classes sociales. Et de cette manière aussi la religion chrétienne est un facteur inappréciable de cohésion de l'agrégat social.

Mais, à notre âge, au milieu des triomphes éclatants de la méthode positive dans tous les champs de la recherche, après que les écoles de médecine, ces cathédrales de l'athéisme, ont répandu dans les couches extrêmes de la pensée le souffle du doute et de la négation, la foi religieuse chancelle et devient incapable de fournir un moyen rigoureux de cohésion sociale. M. Booth, dont les recherches sur les populations pauvres de Londres jouissent d'une célébrité aussi universelle que méritée, nous dit que, même en Angleterre, les classes travailleuses restent très sceptiques vis-à-vis de l'Église, qu'elles envisagent comme un engin d'avarice et de puissance dans les mains des nobles et des riches. Il n'y a pas jusqu'à la Russie, où l'on ne remarque que la religion n'a plus de prise sur les ouvriers. Or, dans ces conditions, la société doit avoir recours à une méthode nouvelle de coercition morale; et elle la trouve dans l'opinion publique. L'inconstante déesse, à qui le calendrier républicain français dédiait le cinquième jour complémentaire, peut seule détourner les hommes de nos jours des actions antisociales. Et, vraiment, si aujourd'hui la masse ouvrière observe un certain maintien pendant les grèves, c'est qu'elle craint de s'attirer l'hostilité de l'opinion publique. Dès que, au contraire, celle-ci lui devient favorable, elle n'hésite pas à aller jusqu'au bout, sans réserves ni scrupules — exemple, la grève des *docks* en Angleterre! Si aujourd'hui les classes pauvres s'abstiennent des révoltes qui pourraient compromettre la vie des sociétés, c'est surtout pour échapper à la réprobation de l'opinion publique. Et si la récente agitation des ouvriers des chemins de fer en Italie a été bien vite domptée, cela a été surtout l'œuvre de l'opinion publique, particulièrement opposée aux agitations ouvrières dans ce champ de l'industrie. Mais c'est encore l'opinion publique qui empêche les classes bourgeoises de pousser jusqu'au bout leurs insolences et leurs exploitations.

Toutefois, la contrainte morale par elle-même ne suffit pas

à détourner tous les hommes des actions antisociales ; car, bien des individus se moquent des sanctions tout à fait platoniques de l'éthique, soit qu'elles consistent dans les châtiments de l'enfer, ou bien dans la réprobation de l'opinion publique. Or, pour contenir dans des bornes raisonnables ces individus récalcitrants, il faut une sanction plus pratique et précise — le droit. Celui-ci détourne les hommes des actions antisociales en leur infligeant, non plus une peine immatérielle, mais un dommage, ou bien une souffrance matérielle. Le droit, de même que la morale, n'est donc que le produit de l'antithèse fondamentale entre l'intérêt individuel et l'intérêt social, qui est propre aux sociétés capitalistes, et de la nécessité, où, partant, se trouvent celles-ci, de contraindre leurs membres à des actions opposées à leur intérêt individuel.

Si le droit n'est qu'une émanation nécessaire de l'organisme économique, on comprend très bien que toutes ses évolutions doivent être constamment précédées et provoquées par une modification de la structure économique. Nous avons un exemple mémorable de ce fait général dans la résurrection du droit romain, à l'aurore de l'âge moderne, et surtout dans son adoption triomphale chez les peuples de l'Allemagne. La victoire éclatante, que le droit latin remporta sur les droits germaniques au sortir du moyen-âge, cet accueil empressé des sanctions d'un droit étranger de la part d'un peuple si jaloux de ses traditions nationales, a été pendant longtemps un des problèmes indéchiffrables de la science du droit. Et ce n'était pas certainement l'école de Savigny qui aurait pu l'expliquer, car, tout au contraire, elle y trouvait sa pierre d'achoppement. En effet, cette école, d'après laquelle le droit ne serait que l'émanation de l'esprit du peuple ou de la conscience nationale, devait se trouver désarmée vis-à-vis d'une race, qui jetait aux orties son droit séculaire pour embrasser celui d'une autre nation. Mais le problème est d'une solution très aisée pour ceux qui admettent que le droit n'est que l'émanation naturelle et nécessaire des rapports économiques. En effet, au sortir du moyen-âge, toutes les institutions féodales s'écroulaient en Allemagne l'une après l'autre, et sur leurs décombres venait surgir l'économie du salaire. Or, cette forme économique, tout en différant substantiellement de l'esclavage, pour ce qui concerne la condition économique et juridique du travailleur, offre toutefois une analogie profonde avec ce système d'économie pour tout ce qui touche la structure du revenu et les rapports entre les diverses classes des rentiers. Eh bien, comme le droit ne considère qu'exceptionnellement les rapports entre le travail et la propriété, et que toutes ses sanctions fondamentales concernent les rapports entre les propriétaires — on peut bien dire que l'économie du salaire, dans toute la zone qui est réglée par le droit, offre l'analogie la plus frappante avec l'économie de l'antiquité classique. Donc les rapports entre propriétaires, qui venaient s'établir en Allemagne au sortir du moyen-âge, n'étaient qu'une reproduction saisissante de ceux qui s'étaient constitués dans l'antiquité esclavagiste; et il n'était partant que trop naturel qu'à leur suite vînt se reproduire aussi le droit qui avait été l'émanation de ces rapports économiques.

Mais les rapports économiques ne se bornent pas à engendrer les grandes transformations historiques du droit, à en diriger et en discipliner l'évolution; ils façonnent aussi ses manifestations concrètes, en créent les formes et en organisent les institutions. Observons, par exemple, l'institution du divorce. Tout homme qui réfléchit se sera demandé bien des fois pourquoi donc cette réforme, qui a désormais sa place dans tous les Codes des peuples civilisés, rencontre en Italie, depuis longtemps, les oppositions les plus acharnées. Et je dis depuis longtemps, car je ne saurais pas oublier cet excellent Melchiorre Gioja, qui, ayant osé faire l'apologie du divorce dans un ouvrage, d'ailleurs très ennuyeux, paru en 1817, fut victime de persécutions envenimées, et enfin destitué de la dignité d'historiographe italien, qu'on lui avait décernée treize ans auparavant. C'est là un fait très remarquable, qui réduit à sa juste valeur l'affirmation, trop de fois répétée, que ce qui empêche l'adoption du divorce en Italie, ce sont les hostilités du parti clérical contre le nouvel État italien. Il n'en est rien. Si on veut trouver la raison de cette étrange anomalie, qui distingue l'Italie des autres nations civilisées, ce n'est pas aux facteurs politiques ou religieux, foncièrement superficiels, qu'il faut s'adresser, mais bien au facteur économique. Il suffit, en effet, de remarquer que le divorce est une institution, ou une réforme, essentiellement agréable à la bourgeoisie capitaliste, qui aspire avec raison à dégager ses rapports domestiques d'entraves insupportables. Mais cette réforme ne touche pas du tout les classes travailleuses, qui n'en profitent pas même là où elle existe dans les Codes et qui, d'ailleurs, savent fort bien échapper à la perpétuité des nœuds conjugaux, sans avoir recours aux formalités compliquées de la procédure judiciaire. Enfin, cette réforme est en butte à l'hostilité acharnée des nobles et, en général, des propriétaires de terres, à qui l'impulsion inconsciente des intérêts économiques inspire une haine systématique de toute nouveauté. Il appert de tout cela que l'institution du divorce a quelque chance de triompher dans les pays où la classe des capitalistes prime la classe des propriétaires de terres, tandis qu'elle a bien peu de probabilité à réussir là où la classe bourgeoise est inférieure, économiquement ou politiquement, à la classe des propriétaires fonciers. Eh bien! l'Italie, avec son industrie enfantine, son commerce très limité, sa marine marchande désemparée, avec la prépondérance presque absolue de sa classe foncière sur sa classe industrielle, est placée justement dans les conditions les plus défavorables au triomphe de la réforme démocratique des institutions familiales. Et voilà pourquoi depuis cent ans on voit durer en Italie cette ardente campagne contre le divorce, que d'autres pays, ayant la même religion qu'elle et de même race, ont depuis longtemps abandonnée. Qu'on s'en souvienne donc. Ce qui pourra apaiser cette guerre, et assurer le triomphe de cette réforme, ce sera seulement l'expansion de l'industrie et du commerce national. De même que la houille noire a donné le divorce aux peuples du Nord de l'Europe, de même ce sera la houille blanche qui donnera le divorce à la nation italienne.

L'épisode que je viens d'esquisser n'est, à vrai dire, qu'une démonstration tout à fait négative de la dérivation du droit des intérêts et des égoïsmes de la propriété; car il nous prouve que les réformes les plus justes ne parviennent pas à s'établir, tant qu'elles sont combattues par l'espèce de revenu prépondérante. Mais bien des faits viennent nous apporter des preuves positives de cette loi. Est-ce qu'on ne voit pas, par exemple, les pays agricoles punir plus sévèrement les délits contre la propriété foncière, et les Etats commerçants les crimes de fausse-monnaie?

La sévérité des lois contre les voleurs est l'indice de la prévalence économique de la richesse mobilière vis-à-vis de la richesse foncière; et on explique par là la sévérité atroce des lois romaines primitives contre les voleurs, de même que leur adoucissement postérieur par l'œuvre de Justinien. A Rome même le triomphe progressif des idées proculéiennes, d'après lesquelles l'objet fabriqué avec des matériaux d'autrui appartient au manufacturier, sur celles opposées des Sabiniens, suit d'une manière frappante les progrès de l'industrie et de la technique. Même la naissance et les progrès successifs de l'équité romaine, par le *Jus gentium* et l'Édit du préteur, n'est que le produit naturel de la formation d'une classe marchande et de son opposition victorieuse à la classe des propriétaires fonciers jusqu'alors toute-puissante. Plus près de nous, la suppression des majorats et des fidéicommis, les lois sur les baux, les lois foncières de l'Angleterre et de l'Irlande, ne sont que le résultat de la puissance croissante des fermiers, qui leur permet de lutter triomphalement contre les outrecuidances de la rente foncière.

Mais si le droit est entaché de la partialité la plus péremptoire en faveur de l'espèce de revenu prépondérante, sa partialité et ses faveurs deviennent absolument honteuses lorsqu'il est question des rapports entre la propriété et le travail. Observons par exemple le droit pénal. Les juristes nous rappellent avec horreur que dans la loi salique la peine pour le vol d'animaux est plus sévère contre le pauvre que contre le riche ; notre savant ami M. De Greef dénonçait naguère ce fait énorme que chez les sauvages le vol est puni avec plus de sévérité que le meurtre ; et un voyageur italien, M. Robecchi, venait nous assurer que chez les Somalis le vol et le brigandage sont impunis lorsqu'ils sont commis sur une grande échelle. Mais est-ce qu'il n'en est pas comme ça dans l'Europe civilisée ? Les Codes européens, disait Napoléon, ne se soucient que de la propriété. Bismarck, qui, toutefois, n'était pas un jacobin, regrettait que dans les questions d'argent le droit présente une rigueur absolue, qui jure avec son indifférence dans des questions où sont en jeu la vie, la santé et l'honneur. Et lorsque je vois les juges et les jurés manifester une sévérité systématique vis-à-vis des délits contre la propriété et une étrange indulgence à l'égard des crimes contre les personnes, je dois bien conclure que, en matière de morale juridique, nous, Européens, ne sommes que des Somalis.

Mais c'est surtout dans cette partie du droit, qui concerne directement les rapports entre propriétaires et prolétaires, c'est là surtout qu'on voit combien le droit est subordonné aux intérêts égoïstes de la propriété. Toutes les lois sur le contrat de travail ne sont pas autre chose qu'une consécration systématique des abus et de la rapacité capitalistes. Le silence de la loi sur la quotité du salaire, sur la manière, la forme, le temps de son payement, laisse au capitaliste la faculté de payer l'ouvrier avec des marchandises détériorées, des animaux morts, etc. Et on en sait quelque chose en Russie, où les capitalistes achètent les vivres pourris dans les magasins de l'État pour les donner à manger à leurs ouvriers. Profitant du silence de la loi, un propriétaire italien fait mettre une muselière à ses paysans pendant la vendange. Et il y a également des fabricants qui se gratifient du pouvoir judiciaire en infligeant à leurs ouvriers des amendes aussi arbitraires qu'excessives. Mais la loi ne se borne pas à se taire, elle parle aussi, et ses paroles sont autant de partialités hideuses en faveur du capital. Pendant longtemps la loi frappe la rupture du contrat de travail d'une sanction pénale, si elle est commise par l'ouvrier, tandis que le capitaliste, qui la commet, n'est passible que d'une sanction civile. Mais, même plus tard, quand cette inégalité de traitement est éliminée, la loi et la jurisprudence s'efforcent encore d'aggraver les effets de la rupture du contrat de travail, dès qu'elle est perpétrée par le salarié. Au début des ligues ouvrières, la loi les poursuit par toutes sortes d'amendes et de peines, et, même plus tard, lorsque ces lois tombent sous l'opprobre universel, *never mind*, — *nitchewo!* comme disent les Russes! Dès que la loi se tait, c'est la jurisprudence qui parle, qui vient fournir les armes insidieuses pour anéantir les menaces prolétariennes. Il me suffit de rappeler, à ce propos, la distinction chicanière de la cassation française entre le délit et le quasi-délit. Les pratiques des ligues ouvrières contre les patrons ou contre les *sarrazins* (par exemple le boycottage) ne constituent pas un délit, dit la cassation : mais elle s'empresse d'ajouter : ces pratiques sont un quasi-délit dès qu'elles sont accomplies, non pas pour obtenir des conditions plus avantageuses, mais tout bonnement dans le but de nuire à autrui. Et, dans ce dernier cas, les ligues sont tenues aux dommages-intérêts envers les individus auxquels elles ont nui. C'est là — on le sent bien — une distinction tout à fait sophistique, car il n'est pas raisonnable d'admettre qu'une ligue ouvrière aille sévir contre un individu rien que pour le plaisir barbare de lui causer gratuitement du dommage. Le but auquel vise la politique des ligues, c'est tout bonnement d'arracher au capital des conditions plus avantageuses aux travailleurs. Mais, en tout cas, voilà une distinction qui nous révèle assez bien toute la partialité de la jurisprudence actuelle, même dans ses sphères les plus éminentes. — En France on va jusqu'à ne pas admettre, dans les procès, le témoignage de l'ouvrier contre le maître, tandis que l'on admet toujours le témoignage de celui-ci contre celui-là. Mais je dois rappeler aussi une plus grave partialité des Cours françaises : c'est qu'elles nient aux ligues le droit de comparaître en jugement en qualité de *plaignantes*, mais les obligent à y paraître en qualité de *prévenues*, c'est-à-dire lorsqu'elles doivent répondre de dommages infligés à autrui. — Qu'on se rappelle aussi le verdict de la Chambre des Lords, dans l'affaire du Taff-Vale, qui vise tout bonnement à couper les nerfs des Trades Unions, en les appelant à répondre avec leurs fonds de tout dommage qu'elles ont causé aux entrepreneurs ou aux ouvriers non ligués. — Mais le *nec plus ultra* de la partialité de la jurisprudence vis-à-vis du capital, on le retrouve dans la terre classique de la bureaucratie et de la routine. En Allemagne, on en arrive jusqu'à cela : lorsque des ouvriers ligués disent au fabricant chez lequel ils travaillent : si vous ne nous augmentez pas le salaire nous quittons votre fabrique, les Cours déclarent la ligue coupable du délit de menace et la punissent d'après l'article 283 du Code pénal.

Mais ce ne sont pas seulement les institutions morales et juridiques qui germent naturellement du sous-sol économique. Il n'y a pas jusqu'aux formes supérieures de la vie humaine, aux manifestations mentales les plus sublimes, qui ne révèlent à une analyse attentive un noyau essentiellement économique.

Un savant allemand, M. Feuerherd, vient d'écrire un ouvrage dont le titre paraîtra bien étrange à nos idéalistes renforcés : *La dérivation du style architectonique de l'économie politique*. L'auteur y démontre avec force talent et érudition que l'architecture des Grecs et des Romains n'était qu'une dérivation naturelle des rapports économiques, et qu'elle changea docilement suivant les transformations dans les rapports de la production et de l'industrie. Tant que dure le système du *Lohnwerk*, où le travail du manufacteur s'accomplit dans la maison du consommateur, avec des matières brutes avancées par celui-ci, et où partant, un grand nombre de travailleurs peuvent travailler ensemble sous le contrôle d'une seule intelligence directrice — la construction des temples gigantesques atteint à un essor imposant. Sous l'empire du métier, qui crée les bases techniques de la liberté personnelle et de la virtuosité exquise du producteur — l'art pénètre dans le domaine de l'industrie et en anime les produits. Et c'est le triomphe du métier, qui aboutit à l'anéantissement du lourd style dorien et le remplace par le style ionique plus simple. En général, le style dorien germe dans les états agricoles, le style ionien fleurit sous l'empire du métier, le style corynthien chez les manufacturiers et les commerçants. Tant que Rome fut une nation exclusivement agricole, l'art ne put jamais y fleurir; ce n'est qu'après les guerres puniques et avec l'essor de la manufacture, qu'on y voit paraître quelques manifestations artistiques. Et comme, à cette époque, on voit renaître chez les Romains ces rapports économiques, qui avaient fait germer le style corynthien dans la Grèce — c'est ce style-là, qui vient à présent se répandre aussi dans le monde latin. Mais avec bien des modifications ou déformations remarquables; car le système romain d'employer des esclaves dans toutes les industries, même dans celles qui portaient une empreinte plus délicate et artistique, rendait impossible d'y atteindre cette pureté de lignes, et cette symétrie architecturale, qui avait été le triomphe de l'art hellénique, et ne permettait d'en produire que de pauvres et vulgaires imitations.

Mais, aux âges postérieurs aussi, l'évolution de l'art suit docilement celle des rapports économiques. C'est au XIIIe siècle, à la suite des rapports commerciaux entre l'Europe et l'Orient et de l'affranchissement des communes, que l'on voit pâlir la gloire des cathédrales gothiques, et les dessins exquis du moyen âge être remplacés par les tableaux à teintes éclatantes. Au XIVe siècle le rouge et le jaune vont partout remplaçant le violet, le sens de l'harmonie s'oblitère progressivement et la peinture s'empreint d'un caractère toujours plus réaliste. Plus tard, à l'âge de la Renaissance, signalée par une centralisation croissante des richesses, l'architecture perd de sa grâce, et l'ornementation lourde et baroque s'étale à la place de la pureté de lignes antérieure. Et de même qu'avait fait la ploutocratie triomphante des derniers temps de Rome, celle de la Renaissance vient imposer à l'art le portrait — ce symptôme et ce produit de la richesse débordante, qui veut se dresser insolemment en face du public.

Ut pictura poesis! La littérature ne reflète pas moins docilement, dans sa structure de même que dans ses variations, celle du monde économique. La naissance de la bourgeoisie signe le décret de mort de la poésie des troubadours, que l'âge féodal avait porté à un si haut degré d'éclat. Dans les Flandres, au XIIIe siècle, on voit poindre pour la première fois avec Maerlant la littérature bourgeoise, qui ne veut pas de romans d'aventures et se propose de peindre les menus détails de la vie domestique. En Italie, le triomphe économique et politique de la bourgeoisie a un contre-coup littéraire dans le *Decameron* de Messer Giovanni Boccaccio, véritable engin de guerre monté contre les moines et la noblesse. Au XVe sièlce, Pulci, au nom des gros bourgeois, se moque dans le *Morgante* des épopées chevaleresques. Plus tard, au XVIIIe siècle, la poésie érotique, triomphante en Italie, n'est que l'expression de l'avènement de la bourgeoisie aux voluptés de la vie joyeuse, jusqu'alors réservées à la noblesse. La poésie de Parini n'est au fond autre chose qu'une expression littéraire très marquante de l'insurrection de la bourgeoisie contre les nobles. En Espagne, Cervantes anéantit dans *Don Quichotte* les vieux engoûments pour les aristocrates et remplace le roman chevaleresque par le roman populaire. Murillo en fait autant pour la peinture. En France la révolte de la bourgeoisie contre la noblesse a un écho dans le Théâtre de Beaumarchais. En effet, le *Mariage de Figaro* est bien le point de départ d'une révolution dramatique; car jusqu'alors on avait vu sur la scène les grands se moquer des gens du peuple, tandis qu'à présent on assista pour la première fois au spectacle inverse. En même temps, en Angleterre, les *Joyeuses Commères de Windsor* donnent le spectacle du bourgeois intelligent qui se moque du noble sot, tandis que le plus grand des écrivains allemands, Lessing, vient glorifier dans ses ouvrages critiques et esthétiques la bourgeoisie grandissante.

Et qu'est-ce, enfin, que la Renaissance, si ce n'est une révolution littéraire et mentale, produite par une révolution économique? Ce mémorable retour aux idées helléniques et classiques s'accomplit, au moment même ou l'économie féodale vient s'effondrer et où le salariat surgit de ses cendres. C'est que cette nouvelle forme économique, malgré les caractères spécifiques de sa base fondamentale, offre, dans ses grandes lignes, une homologie étonnante avec l'économie de l'antiquite classique. Il n'y a donc pas de raison de s'étonner si, avec les configurations économiques de l'âge ancien, on voit renaître aussi les configurations littéraires et, en général, idéologiques de cet âge. De même que l'esclavage a engendré l'hellénisme philosophique, artistique et littéraire, de même le salariat, qui a tant d'analogies avec l'esclavage et suit une marche semblable, produit la renaissance de l'hellénisme. Et comme le salariat surgit avant tout en Italie, c'est bien l'Italie le berceau de la Renaissance, c'est ici qu'elle éclot d'abord et donne ses fruits les plus célébrés. En Allemagne, au contraire, où les rapports féodaux durent plus longtemps, la reproduction idéologique de l'antiquité ne se manifeste aussi que plus tard et avec une moindre intensité. Toutefois en Allemagne aussi les penchants matérialistes et sensuels se donnent libre carrière, pendant la révolution sociale et morale, qui succède à la Réforme; et Jean de Leyde, qui se couche avec ses seize femmes dans un lit monstrueux, nous prouve que sur le sol allemand aussi le spiritualisme ascétique vient disparaître sous l'influence du nouveau système économique. En suite le mouvement se régularise et s'ennoblit; et, avec le triomphe du salariat, le culte de l'antiquité classique s'intronise en Allemagne, par l'œuvre de Lessing, de Winckelmann, de Gœthe.

Enfin, à toute involution ou dissolution de l'agrégat social, il se produit une réversion correspondante dans toutes les formes de la littérature. Exemple mémorable, la dépravation bestiale de la littérature anglaise sous la Restauration; exemple vivant cette multitude de pièces pathologiques dont déborde la littérature contemporaine par l'œuvre des décadents, parnassiens, symbolistes, preraphaelites, de tous les cytharèdes de la pornographie névrosée et macabre — et qui est le résultat et le symptôme douloureux d'une profonde désintégration sociale.

Mais je n'oublie pas ce que Voltaire nous a appris :

Le moyen d'ennuyer, c'est celui de tout dire

et je m'empresse d'en finir avec un sujet aussi entraînant qu'inépuisable. Je veux seulement ajouter — rien que pour apaiser quelques doutes savants, émis à cet égard par mon honorable ami Hector Denis — que la dérivation incontestable des faits sociaux et mentaux les plus élevés du tout-puissant facteur économique, n'exclut pas du tout la réaction des faits dérivés sur le fait générateur. Certes, la politique, la morale, le droit, la religion, de même que l'art et la littérature, exercent des influences réelles et profondes sur le système social et même sur les rapports économiques. Mais cette réaction postérieure n'entache d'aucune manière la dépendance préalable de tous ces phénomènes des rapports économiques. Donc, c'est bien toujours le fait économique qui constitue la source cachée, d'où découle l'ensemble des faits sociaux; c'est l'économie politique, qui est la science mère de toutes les sciences sociales et de leur grande synthèse — la sociologie. Mon éminent et éloquent ami, M. Enrico Ferri a dit quelque part : La sociologie sera socialiste, ou elle ne sera pas. Pour ma part, dans l'enceinte tout à fait scientifique et théorique de mes études, je dis : La sociologie ne peut vivre, elle ne peut pas s'élever à la dignité de science exacte, si ce n'est en prenant comme point de départ l'analyse du fait économique. C'est cela, c'est l'étude opiniâtre des influences cachées, par lesquelles l'obscur noyau économique pénètre dans les couches supérieures de la vie sociale, les anime, les dirige et les forme, c'est cela le foyer serein, auquel la science économique de nos jours vient convier les sociologues de toutes les écoles; c'est de cette pénétration féconde que seule pourra jaillir la lumière sur les abîmes sociaux; c'est elle enfin, qui permettra à nos fils de résoudre l'énigme béante de notre vie collective et d'apporter à nos sociétés tourmentées l'équilibre et la paix.

TABLE DES MATIÈRES

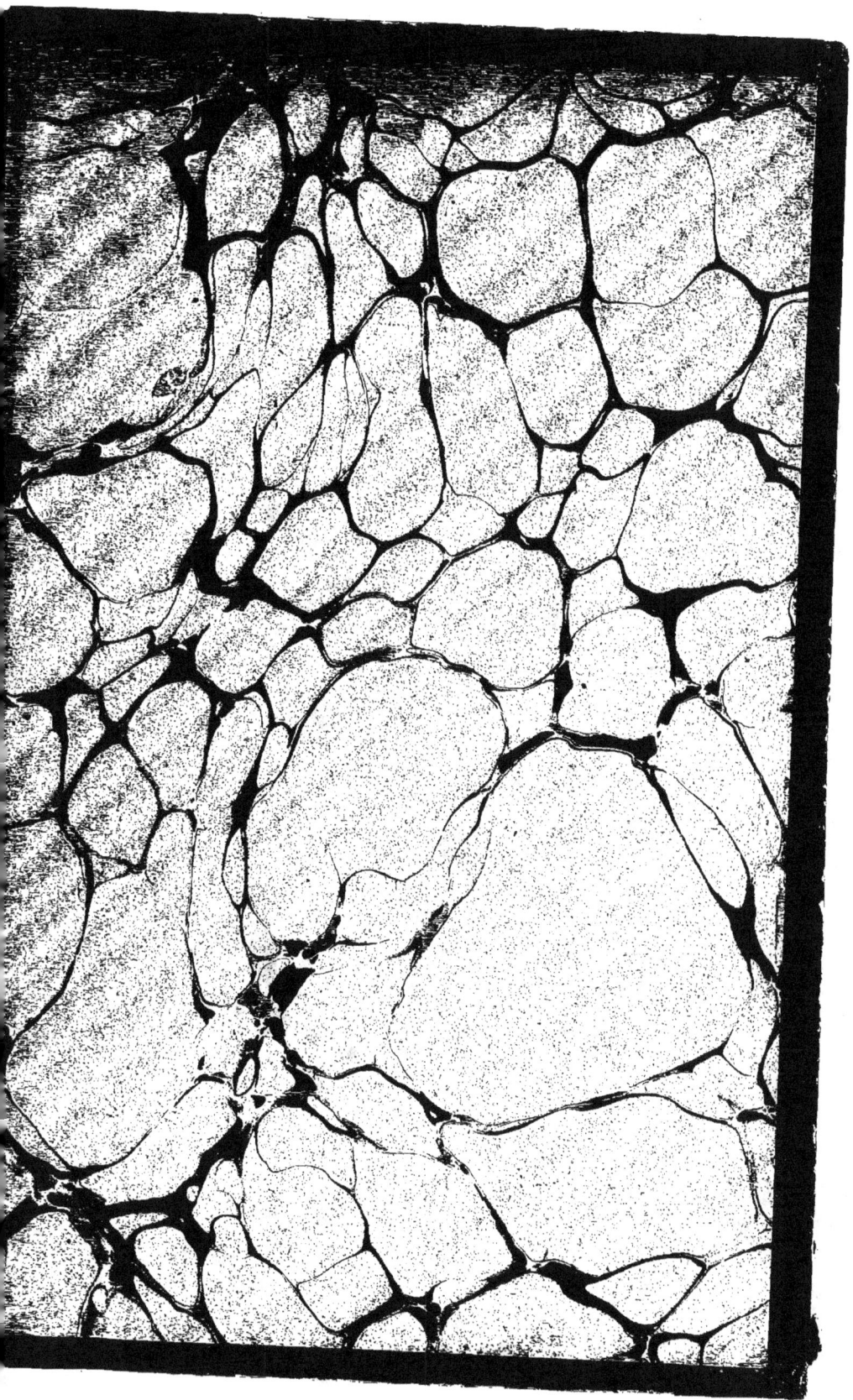

www.ingramcontent.com/pod-product-compliance
Lightning Source LLC
Chambersburg PA
CBHW072226270326
41930CB00010B/2014